LA MÉMOIRE DE L'EAU

Ἀρχὴν δὲ τῶν πάντων ὕδωρ ὑπεστήσατο

Une nouvelle improbable
de Eustache Themistokleus Kosmakis

ISBN 979-10-415-7414-8

L'idée selon laquelle « l'eau est le principe de toute chose » appartient à Thalès de Milet, l'un des premiers philosophes grecs. Selon Thalès, l'eau constitue l'élément fondamental à la base de toute réalité. Cette conception reflète le besoin qu'avaient les premiers penseurs de rechercher et de comprendre l'essence première du monde. De plus, l'accent mis sur l'eau comme élément fondamental souligne son rôle essentiel dans la nature, étant donné qu'elle est indispensable à la vie et au développement. Cette théorie illustre l'effort ancien des philosophes pour expliquer la complexité du monde à l'aide de termes simples et universels.

Stathis Kosmakis, est né dans la communauté de Katochi, près des embouchures de l'Achéloos, là où l'eau touche la mémoire, et où les forces primordiales de la nature sculptent en silence l'âme humaine. Il a grandi parmi les champs, les rivières et les cieux, dans un monde où la poésie n'était pas un art, mais une manière d'exister.

Depuis l'enfance, il est habité par une question profonde et inquiète : d'où provient l'énergie du phénomène de la vie ? Cette interrogation est devenue pour lui un axe de réflexion, d'expression artistique et de quête philosophique.

Créateur aux multiples facettes, il a écrit de nombreux poèmes et textes lyriques, qu'il a lui-même mis en musique et interprétés en tant que compositeur. Son œuvre est imprégnée par la musicalité de la langue grecque et par l'angoisse existentielle de l'homme en quête de sens derrière les apparences.

Il vit et travaille en France depuis quarante-quatre ans. L'expérience de l'exil, le nostos, et le retour intérieur constant vers sa patrie nourrissent sa pensée et son œuvre d'émotion et de mémoire. L'histoire grecque, sa langue et ses mythes constituent pour lui le socle invisible de tout acte créatif.

Passionné de physique, d'astronomie et d'astrophysique, Stathis fait dialoguer la sensibilité lyrique avec la rigueur de la recherche scientifique. Depuis 2022, il donne en France des conférences sur le mécanisme d'Anticythère, illuminant d'un discours clair et inspiré l'un des plus grands mystères de la technologie antique.

Son univers est un lieu où la poésie rencontre la science, et où l'eau — symbole et vecteur de mémoire — coule silencieusement à travers ses mots, comme si elle portait en elle un savoir plus profond sur la vie et l'univers.

1969

Après s'être lassé de faire rebondir ce petit caillou sur plus de vingt mètres — s'amusant de ses bonds improbables et de ses trajectoires imprévisibles dues à sa forme allongée et arrondie — sur le petit chemin en béton, Alexandre, un enfant du village, s'assit sur le rebord devant le kiosque de la place, celui qui avait un congélateur de glace, de la marque EVGA.

Petit oiseau timide qu'il était, il ne signala pas sa présence à la kiosquière. Il sortit de sa petite poche un pièce de deux drachmes que son parrain lui ayant fait un clin d'œil malicieux après avoir gagné à la belote, lui avait glissée discrètement dans la paume.

Et du bout de ses deux doigts, il fit tourner la pièce très vite. Elle tourna follement sur elle-même, sans tomber, pendant un temps « relativement » long.

La pièce semblait perdre sa densité d'image à mesure qu'elle tournait sur son axe invisible. Plus l'impulsion transmise était grande, plus l'effet d'absence de gravité lui paraissait intense.

Chaque fois qu'il essayait de poser son petit doigt perpendiculairement à l'axe de rotation, il n'atteignait jamais le bord de la pièce, mais toujours l'une de ses faces.

Mais ce qui lui semblait encore plus étrange, c'était cette raréfaction de l'image, cette diminution apparente de la densité de la pièce. À quoi cela pouvait-il bien être dû ?

- Quel parfum veux-tu ? le réveille la vendeuse du kiosque.

- Celui au citron ! dit-il en lui montrant la photo sur le congélateur

- Garde ta pièce de deux drachmes. C'est moi qui t'offre la glace.

Il mit la pièce dans sa poche et, dans une chorégraphie joyeuse de tsigoléléta — jeu d'enfants de l'époque — et en shootant dans un autre petit caillou qu'il trouva, il prit le petit chemin qui menait chez lui. Il pensa faire une halte sur le rebord de la ruelle le plus ombragé du quartier pour éviter que la glace ne fonde, mais c'était le rebord de la vieille mégère, celle qui lacérait le ballon avec un couteau de cuisine chaque fois qu'il jouait avec ses amis. « Là où s'arrêtera le caillou », pensa-t-il.

Et il donna un coup avec effet au petit caillou, qui alla s'arrêter, après quelques acrobaties, à côté de la fontaine communale, où les guêpes aux heures brûlantes de midi, venaient faire le plein de provisions pour leur construction. Il se mouilla les pieds pour les rafraîchir, tout en léchant sa glace au citron.

Il sortit la pièce de deux drachmes de sa poche et s'assit sur le perron de la maison de tante Yérasimoula.

Les guêpes envoyèrent une escouade de reconnaissance, elles virent que l'enfant était absorbé par les rotations de la pièce et retournèrent à la fontaine dégoulinante pour poursuivre leur mission.

Puis avec ses deux doigts, reprend son expérience. Plus elle tourne vite, moins on la distingue clairement, observa-t-il. Il voulait voir à quelle vitesse il pourrait la rendre invisible. Mais il n'arrivait pas à la faire tourner plus vite.

Il finit sa glace et il ne lui resta que le bâtonnet. Il le jeta et, en shootant dans un nouveau caillou, il arriva dans la cour de sa maison.

— Où étais-tu à cette heure-ci ? le gronda sa mère.
— À la fontaine, lui répondit-il. Je jouais avec une pièce de deux drachmes.

— Avec une pièce de deux drachmes ? Mon enfant ne va pas bien, murmura-t-elle. Monte vite te coucher.

Oui, dormir ! C'était justement ce qu'il voulait. Fermer ses vrais yeux et ouvrir les autres. Ceux qui ne voient pas les pièces de monnaie, mais les imaginent. Et dans la dimension de l'imaginaire, il pouvait lui donner des tours illimités, jusqu'à ce qu'elle disparaisse. Il essayait de comprendre jusqu'où allait l'illimité, mais le mot « jusqu'où » annulait la notion même d'« illimité ».

— Laisse les mots, lui dit une voix intérieure. Avec ton esprit ! Avec ta pensée !

Il adressa un sourire à la voix et commença à faire tourner la pièce de deux drachmes dans son esprit. En moins de cinq secondes, il l'avait fait disparaître. Puis, en ralentissant progressivement sa vitesse, elle réapparut, comme si elle traversait une brume invisible. Alors, pensa-t-il, c'est la vitesse qui l'emmène et la ramène. Donc, il y a un « ici » comme il y a un « ailleurs ». Mais où ? Et qu'est-ce que cet ailleurs ?

Là, perdu dans cette question, sans comprendre comment, il se retrouva dans les bras de Morphée, qui, en lui souriant, lui murmura :

— Ferme aussi ces yeux-là pour voir le Tout.

— Qu'est-ce que le Tout ? crut-il dire.

— Le Tout, c'est Toi, répondit le maître des rêves.

— Tout ce que je vois, c'est Moi ?

— Exactement !

— Et ma maman, mon papa ? Mes frères, mes amis ?

— Ils sont tous ici, à l'intérieur.

— Alors pourquoi je ne vois rien ?

— Continue ton voyage seul, et tu verras tout. Ici, il n'y a ni haut, ni bas. Ni droite, ni gauche. Ni avant, ni arrière. Il n'y a pas de gravité. Toi, tout seul, tu peux mettre et faire ce que tu veux. Je te laisse. Amuse-toi bien.

Et ainsi, il se retrouva seul dans un rien, mais qu'il pouvait remplir de tout ce qu'il voulait. Mais que mettre ?

Attends un peu ! Où en étions-nous restés ? Ah ! à la pièce de deux drachmes... Où est-elle donc ?

— Pssst ! fit un chuchotement métallique.

— Où es-tu ? demanda l'enfant surpris.

— Partout. Mais dis-moi : où exactement voudrais-tu que je sois ?

— Disons là !

Et voilà que du néant apparaît, là où il avait désigné, une pièce toute neuve, brillante. Il tend la main pour la toucher, et la pièce roule un peu plus loin, puis s'arrête. Le petit pensa la suivre, mais ne le fit pas. Il dit : je vais rouler, moi aussi, comme elle. Et avant même de mettre cette idée en œuvre, il constate que la pièce tourne autour de lui.

— Tu m'as volé mon idée.

— Quelle idée ?

— Je voulais rouler comme toi.

— Mais tu roules !

— Comment je roule ? Puisque je te vois tourner autour de moi !

— Illusion ! Puisque toi et moi sommes seuls dans le néant, et puisqu'il n'y a ni haut ni bas, ni arrière ni avant, ni droite ni gauche. Et puisqu'il n'y a pas de gravité pour te faire sentir la force centrifuge, ni même un point fixe, comment peux-tu affirmer que c'est moi qui tourne autour de toi ?

— La pièce dit vrai, pensa-t-il. Tout ce que je crois et pense n'est valable que dans la dimension de la réalité matérielle. Il chercha des mots pour décrire cette sensation, mais n'y parvint pas. Et ainsi, il appela tout cet état Réalité Immatérielle. D'ailleurs, à ce niveau, les mots sont instables.

Il laissa son être longtemps dans cette réalité. Il devint le Tout et chaque chose. Il était partout et nulle part. Dans le temps, l'espace, et les dimensions. Il devint oiseau et couleur. Odeur et goût. Son et radiation.

Et alors qu'il errait insouciant, il entendit une voix forte venue de la dimension de la réalité matérielle.

— Lève-toi. Réveille-toi. Ton père t'attend.

Ah oui, pensa-t-il ! Mon papa m'avait dit ce matin que, tard dans la soirée, il m'emmènerait au bistrot pour regarder la télévision.

Il descendit de sa chambre à la cour, puis à la cuisine. Il attrapa une tranche de pastèque dont les bords dépassaient la largeur de ses épaules d'enfant et tel l'élément gazeux dont il rêvait un peu plus tôt, il s'écoula dans la ruelle, savourant le jus de la pastèque.

Quelques pas plus loin, la paume de son père l'attendait ouverte, et il y glissa sa minuscule main, comme s'il confiait toute son existence à une affection invisible, une protection et une tendresse.

— Ne te salis pas, ta mère te grondera.

— Papa, pourquoi ce soir, si tard, allons-nous regarder la télévision ? Quel film passe ?

— Ce n'est pas un film, mon enfant ! Nous allons voir la fusée qui a emmené des hommes sur la Lune.

— Sur la Lune ?

— Oui, sur la Lune, mon enfant, répondit son père, lui transmettant un regard d'éternelle vertu, plein de promesses et de bonheur.

Peut-être, pensa-t-il, y a-t-il des pastèques sur la Lune ?

Peu de téléviseurs dans les années 1960, dans un village provincial comme celui-ci. Petits et grands, tous rassemblés avec impatience devant le téléviseur en noir et blanc, suspendu haut sur le mur du café de Madame Georgoula. À une table voisine, deux parents avec leurs enfants étaient là eux aussi. Malgré l'heure avancée de la nuit et la fatigue de la journée, tous avaient la patience d'être présents.

Le petit Alexandre reconnut sa camarade de classe, Lydia, avec laquelle il échangea un signe innocent mais complice.

Tous furent bouleversés par ce qu'ils voyaient à la télévision. Les commentaires étaient variés. La plupart choisirent la critique négative, submergés par une superstition à tonalité religieuse.

Le petit Alexandre s'endormit sur deux chaises que son père avait alignées, en voyant que son fils ne tiendrait plus longtemps debout.

Il dormait déjà depuis un moment lorsqu'il ouvrit les yeux dans les bras de son père. La retransmission étant terminée et l'heure venue de rentrer se coucher, son père l'avait pris dans ses bras puissants pour le ramener à la maison. Les yeux à demi clos, il voyait les étoiles à travers le voile du sommeil, et le balancement du pas de son père lui donnait l'impression d'être comme les astronautes, avec la gravité réduite de la Lune, qui l'avait tant impressionné.

Le lendemain, la tête pleine de questions, il emprunta les ruelles habituelles du village pour se rendre dans le quartier de Lydia, impatient de discuter avec elle de l'aventure des astronautes. Lorsqu'il la trouva, ils prirent main dans la main le sentier qui menait au sud du village, jusqu'à la source qu'on appelait le « Petit Œil ». C'était le nom que les anciens avaient donné. Ils y restèrent longtemps, échangeant des interrogations enfantines et innocentes sur le ciel, les étoiles et la façon dont pourrait être la vie là-haut. Et si les voix lointaines de leurs mères ne s'étaient pas fait entendre, inquiètes de leur absence, ils seraient peut-être encore là.

Des années plus tard

La nuit était tombée lourdement sur la petite ville. Pourtant, la brise du soir, dans la clairière près de la rive du fleuve, était douce et limpide.

Cinq silhouettes avaient étendu des couvertures sur l'herbe, les yeux tournés vers le ciel étoilé, avec un vieux mais parfaitement réglé télescope entre elles.

Alexandre, le plus rêveur de tous, fut le premier à rompre le silence :

— Regarde Aris, ce soir on voit Andromède avec une clarté incroyable. Tu as parfois l'impression de regarder en arrière dans le temps. Cette lumière a voyagé pendant près de deux millions et demi d'années-lumière avant d'atteindre nos yeux.

Aris sourit et resserra légèrement entre ses mains sa tasse de tisane.

— Vois les choses autrement, Alexandre. Chaque fois que tu regardes le ciel, tu ne fais pas que l'observer. Tu deviens le témoin d'un passé qui, pour toi, se manifeste comme un présent instantané et qui aussitôt devient ton propre passé, conservé seulement par la lumière. C'est comme si la lumière portait la mémoire et la semait dans l'espace.

Lydia, assise un peu à l'écart, avec un carnet dans les mains, prenait des notes :

— C'est beau ça ! La lumière comme mémoire. Je vais le garder. Tu sais, dans de nombreux mythes des civilisations, la lumière et l'eau sont des vecteurs de connaissance. Hasard ?

Joseph, passionné d'astronomie mais aussi d'histoire des sciences, reprit le fil :

— Les Pythagoriciens pensaient que les sphères célestes produisaient des sons, et que chaque corps céleste faisait partie d'une harmonie cosmique. D'autres philosophes de son époque, ou même antérieurs, comme Thalès de Milet et les penseurs de son école, ont lié la musique des cieux à la structure de l'eau. La mémoire n'était pas matérielle ; elle était pulsée, rythmique.

Alexandre tourna les yeux vers le fleuve, qui coulait quelques mètres plus loin, paisible et mystérieux.

— Et si l'eau pouvait se souvenir ? Pas au sens poétique, littéralement.

Les autres se tournèrent vers lui. Stéphane, le plus sceptique du groupe, haussa un sourcil.

— Tu veux dire les expériences du chercheur de l'INSERM Jacques Benveniste et du biologiste Luc Montagnier ? Celles sur les «propriétés» de l'eau ? Elles n'ont pas été réfutées ?

Lydia sourit mystérieusement :

— Réfutées par les paradigmes scientifiques dominants. Mais pas entièrement expliquées.

Alexandre se leva lentement et marcha vers la rive.

— Peut-être. Peut-être que ce fleuve se souvient. De ce qu'on a dit, de ce qu'on a rêvé. C'est peut-être pour ça que j'ai toujours senti qu'il veillait sur moi.

La nuit avançait. Andromède glissait lentement dans le ciel. Et l'eau — ou du moins, ils voulaient le croire — murmurait sous sa surface des mots que seuls ceux qui aiment la vie pouvaient entendre. Mais aucun d'eux ne voulait partir.

Le télescope restait braqué vers le ciel, tandis que les cinq amis commencèrent à parler de l'origine de toutes choses.

Aris rompit le silence le premier :

— Vous avez déjà pensé qu'en observant l'univers, on est en fait en train de consulter ses archives ? Tout a commencé avec le Big Bang et depuis, chaque particule porte en elle une histoire.

Joseph, le regard tourné vers Sirius, répondit :

— Le rayonnement de fond, ce fin écho thermique que nous détectons encore aujourd'hui, est la première mémoire de l'univers. 380 000 années-lumière après le Big Bang, les photons se sont détachés de la matière. Depuis, cette lumière voyage, transportant l'empreinte de l'univers primordial.

Lydia tourna une page de son carnet.

— Cela signifie que rien de ce qui a existé ne se perd. Chaque ondulation d'énergie, chaque fluctuation quantique, a laissé une trace. Et si l'espace-temps fonctionne comme un champ d'enregistrement, alors la mémoire est une propriété fondamentale de l'existence.

Stéphane, plus sceptique, se pencha en avant.

— Vous dites donc que tout est stocké quelque part ? Mais dans quoi ? Il n'y a pas de "disque dur" de l'univers.

Alexandre répondit d'une voix calme :

— Et pourtant, il y en a un. C'est l'espace-temps lui-même. Lee Smolin, Carlo Rovelli, les physiciens de la gravité à boucles affirment que l'espace-temps n'est pas continu, mais composé d'éléments quantiques discrets. Comme des nœuds d'information. Le temps ne « s'écoule » peut-être pas, il façonne des instants, des nœuds de mémoire.

Lydia inclina la tête.

— Et là, peut-être, l'eau agit comme médiatrice. C'est la seule substance qui existe dans tous les états — solide, liquide, gazeux — dans la plage thermique terrestre. Et elle repose sur des liaisons hydrogène qui ont une capacité intrinsèque à former des motifs.

Aris ajouta :

— Ces motifs ont été observés comme se répétant avec de micro-variations, comme s'ils formaient des "phonogrammes" d'information. Chaque impulsion d'énergie — chaleur, pression, son — peut modifier les liaisons. Ce sont comme des miniatures d'archives.

Joseph prit une inspiration.

— Si l'information ne se perd jamais — comme le suggère aussi la théorie de l'information dans la physique des trous noirs — alors la mémoire est la loi fondamentale. Le temps est le moyen par lequel cette information se déplie.

Alexandre regarda à nouveau le fleuve.

— Et c'est peut-être pour cela que l'eau est si importante. Ce n'est pas simplement le médium de la vie. C'est le vecteur de son histoire. Peut-être que chaque goutte contient en elle un souvenir de l'origine du monde.

Lydia nota :

— Alors, la mémoire n'est pas exclusivement biologique. Elle est quantique, cosmique. Notre ADN est un vecteur d'information, mais pas le seul. La lumière, l'eau, les connexions magnétiques, tout participe à un réseau de mémoire.

Stéphane les regarda tous :

— L'être humain devient donc, par son esprit et son observation, un maillon actif. En observant l'univers, nous le déformons, nous le déplaçons. Nous influençons sa mémoire même par notre seule existence.

Aris ferma les yeux :

— Et peut-être que c'est pour cela que nous existons. Non seulement pour observer, mais pour nous souvenir, pour tisser les fils ensemble, pour poursuivre l'histoire.

Alexandre regarda ses compagnons, et dans son regard, leur transmit son questionnement :

— Si le Big Bang a commencé à partir d'un point — un point zéro —, la vraie question est : pour quelle raison ce point, celui dont tout a émergé, était-il là ? Et pourquoi a-t-il procédé à ce mouvement, cette révélation de soi ? Mais ce qui guide nos interrogations désespérées vers ce zéro incommensurable du commencement, n'est rien d'autre que des pensées spatiales et temporelles. Car il est impossible, à partir de notre expérience et de l'éducation de nos sens, de concevoir l'« être » sans y ajouter l'espace et le temps.

Nous comprenons l'être à l'intérieur de l'espace et dans une durée. Et c'est cela même qui engendre en nous la perplexité suivante : comment cela a-t-il pu être là, alors même que l'espace n'existait pas ?

Le silence s'étendit à nouveau, seulement traversé par le doux murmure de la rivière.

L' Un En Tout

Lydia referma son carnet et leva les yeux vers le ciel obscur.

— Si la lumière porte la mémoire, et si l'eau peut enregistrer, alors qu'en est-il du tout début de l'univers ? Le Big Bang n'a pas seulement été une création de matière. C'était une naissance de l'information.

Aris leva le regard :

— Et c'est là l'essentiel : à partir du moment du Big Bang, chaque phénomène, chaque interaction, chaque variation d'énergie a laissé une trace. Et ces traces, d'une certaine manière se sont inscrites dans l'espace-temps lui-même.

Joseph hocha la tête avec gravité :

— C'est pourquoi le Fond Diffus Cosmologique est si important. C'est une empreinte sonore, une trace impulsionnelle de la naissance de l'univers. Un écho de l'explosion originelle. Si cela n'est pas une "mémoire" au niveau quantique et thermodynamique, alors qu'est-ce que c'est ?

Stéphane haussa un sourcil :

— Mais comment cette information circule-t-elle ? Qu'est-ce qui la transporte, et où est-elle enregistrée ? Il ne suffit pas de dire qu'il existe une mémoire. Il faut un support, un médium, une structure.

Alexandre effleura l'eau de la rivière :

— Et si l'eau était un tel support ? Non seulement ici, sur Terre. Mais partout où il y a de l'eau ou de la matière liquide dans l'univers. Une structure capable de se réorganiser sans cesse, tout en retenant l'information grâce à une répétitivité coordonnée au niveau moléculaire.

Lydia ajouta :

— L'eau crée des formations polymériques instantanées des structures qui, selon les travaux de Marc Henry, le spécialiste en chimie, la science des matériaux et la physique quantique, peuvent stocker des résonances de fréquences, comme s'il s'agissait de bits biologiques. Cela signifie peut-être qu'elle stocke l'information d'une manière comparable à l'ADN.

Stéphane était resté silencieux un moment. Il tenait une page du carnet de Lydia et observait une esquisse de carte galactique qu'ils avaient dessinée.

— Peut-être que l'information est le fondement même de l'univers, dit-il enfin. Avez-vous lu Claude Shannon ?

Aris se pencha vers lui :

— Le père de la théorie de l'information ? Bien sûr. La manière dont il définit l'information comme une mesure de l'incertitude. Si l'univers est plein d'incertitude, alors peut-être est-il aussi rempli d'informations ?

Lydia nota :

— Donc, chaque élément fondamental de la matière porte un certain degré d'information. Un électron n'est pas seulement une particule. C'est aussi un porteur de données. Et si ces données se transmettaient à chaque interaction ?

Joseph s'enthousiasma :

— Alors, le rayonnement cosmique issu du Big Bang n'est pas seulement de la lumière. C'est une mémoire qui transporte des informations sur notre origine ! Une séquence d'empreintes énergétiques, de messages encodés dans la trame même de l'espace-temps.

Alexandre, regardant le fleuve, murmura :

— Et l'eau est un récepteur de ces signaux. Elle ne « comprend » peut-être pas, mais elle enregistre. Comme un vaste support naturel de stockage. Une archive liquide du monde.

Stéphane poursuivit :

— Si l'on admet que la vie elle-même est une structure émergente d'information, alors toute l'évolution biologique ou cosmique, est un processus de compression et de décompression de données. Comme si nous étions tous des paquets de données dans un vaste réseau quantique.

Lydia ferma les yeux.

— Un poète le dirait autrement. Que nous sommes des mots écrits dans l'eau de l'univers.

Joseph sortit un petit cristal de quartz de son sac et le tint entre ses doigts, comme s'il pesait quelque chose d'invisible.

— L'information, selon Shannon, est ce qui réduit l'incertitude. Pourtant, chaque fois que tu stockes de l'information, tu augmentes l'entropie du système environnant. Tu rééquilibres l'univers.

Aris se pencha vers lui.

— Donc, l'existence de l'information implique un coût énergétique. Il n'y a pas de mémoire gratuite. Même l'eau, si elle retient de l'information, doit en payer le prix par une organisation structurelle.

Lydia ouvrit un vieux dossier. À l'intérieur se trouvaient des extraits des expériences de Montagnier annotés.

— Montagnier a suggéré que l'information provenant de molécules d'ADN, même après leur disparition de la solution, reste imprimée dans l'eau. Elle émet des signaux électromagnétiques de basse fréquence comme si elle laissait une trace

Stéphane intervint :

— Mais c'est là le paradoxe. Il ne reste plus une seule molécule d'ADN. Et pourtant, l'information est émise. C'est comme si l'eau avait « appris » quelque chose et le transmettait. Mais sur quel substrat est-elle enregistrée ?

Lydia leva les yeux :

— Henry a proposé que l'eau puisse former des « domaines cohérents » des zones de cohérence quantique, où les molécules vibrent à l'unisson comme un champ unifié. C'est là que l'information pourrait être stockée, dans des structures macroscopiques, et non dans des molécules individuelles.

Alexandre regarda à nouveau le ciel.

— Donc à l'intérieur de l'eau, des zones pourraient se former la où règne un état harmonique. Comme si l'univers y chuchotait à lui-même. Et ces zones « se souviennent ».

Aris, avec un enthousiasme retenu :

— Si l'eau est un médium capable d'héberger une cohérence quantique alors elle n'est pas simplement le substrat de la vie. Elle est le vecteur d'une forme de mémoire synchronisée. Et chaque goutte, chaque rivière, pourrait être un miroir de l'information cosmique.

Joseph ferma les yeux :

— La faible entropie est mémoire. La haute entropie est oubli. Peut-être que l'eau, dans une structure harmonique, retient des souvenirs. Non pas parce qu'elle pense. Mais parce qu'elle se souvient par son ordre.

Joseph releva lentement les yeux de ses notes.

— Si l'on admet que l'information peut être imprimée dans l'eau, alors il doit exister des moyens d'enregistrement. Et les formes les plus élémentaires d'information dans la nature sont les oscillations.

Aris prit la parole :

— Pense aux sons. Tout est pulsation : la lumière, la couleur, même les réactions chimiques. Si l'eau se « structure » en fonction des vibrations qu'elle reçoit, alors chaque son laisse une empreinte.

Lydia leva une bouteille d'eau transparente à la lumière de la lampe.

— J'ai lu une étude où des gouttes d'eau étaient soumises à des ondes sonores de fréquences spécifiques, puis on observait des différences dans les structures cristallines formées lors de la congélation. Ce n'est pas seulement le Japonais Masaru Emoto. Certains chercheurs allemands ont poursuivi cela avec des moyens de laboratoire réalistes.

— Et qu'ont-ils montré ? demanda Stéphane.

— Que différentes fréquences et même des mots, non pas de manière magique mais en raison de l'énergie phonique, provoquaient des modifications dans les structures symétriques de l'eau gelée. Le son est un formateur de formes.

Alexandre se leva. Il marcha pieds nus sur la terre fraîche vers la rivière.

— Donc chaque voix entendue ici, chaque histoire, chaque chanson, est d'une certaine manière imprimée dans la rivière ? Pas comme un souvenir magique, mais comme une différenciation microscopique dans sa structure ?

Joseph répondit :

— Peut-être pas « stockée » comme nous l'entendons numériquement, mais oui : les vibrations façonnent des structures. Si une structure est maintenue, alors il y a de l'information. En électrodynamique quantique, cela peut signifier une empreinte de phase ou de résonance.

— Donc, poursuit Lydia, l'eau n'est pas un élément passif. C'est un substrat sensible. Si elle possède des domaines cohérents et que, sous certaines conditions, ceux-ci restent stables, alors elle a aussi une capacité de stockage.

Aris, avec une admiration hésitante dans la voix :

— Imagine ce que cela signifie pour la vie. Si les protéines et les cellules « fonctionnent » dans des environnements aqueux qui portent déjà de l'information... alors le corps n'est pas simplement le résultat de l'ADN. Il est le produit d'une archive aqueuse.

Stéphane soupira :

— C'est séduisant. Dangereusement séduisant. Mais nous devons rester prudents. Si l'eau conserve des pulsations, alors le phénomène doit être reproduit, mesuré, vérifié.

Alexandre se retourna avec un sourire serein.

— Et peut-être, un jour, cela sera prouvé. D'ici là, nous pouvons observer et écouter. Pas avec nos oreilles, mais avec notre curiosité.

Joseph regarda à nouveau ses notes et se redressa avec un regard vif.

— Alors, vous vous souvenez de l'aspect le plus controversé des expériences de Montagnier ?

Aris acquiesça.

— Tu fais référence à l'idée que l'information génétique peut être transférée via des ondes électromagnétiques, sans que l'ADN original soit présent ?

— Exactement, dit Joseph. Montagnier a soutenu que, puisque une molécule d'ADN émet des signaux électromagnétiques spécifiques, nous pouvons les « enregistrer » dans l'eau et ensuite, sous des conditions appropriées, les « reconstruire »

Lydia haussa les sourcils.

— Nous parlons donc d'une forme de téléportation biologique. Pas de la matière, mais de son information.

— Comment cela peut-il être réalisé ? demanda Stéphane, avec son regard habituel de scepticisme.

Joseph répondit méthodiquement :

— Premièrement, on mesure les signaux électromagnétiques émis par une solution d'ADN, qui a été diluée jusqu'à ne plus contenir de molécules détectables. Ensuite, ces signaux sont enregistrés — ou plutôt « numérisés » — et envoyés à un autre laboratoire.

Aris poursuivit :

— Là, de l'eau pure est utilisée et, après avoir été exposée à ces signaux pendant plusieurs heures, les composants nécessaires à la PCR sont ajoutés. Et pourtant, on observe la reproduction de l'ADN original !

Stéphane rit amèrement :

— Et comment savons-nous que ce n'est pas une fraude ou une contamination ?

Lydia se pencha en avant, calme :

— Nous ne le savons pas. Mais si c'est vrai, alors la matière n'est pas le seul vecteur d'identité. L'information est ce qui précède.

Alexandre regarda le fleuve qui coulait silencieusement.

— Et l'eau est le conducteur parfait de cette information. Elle ne la « transporte » pas seulement. Elle la conserve. Elle la façonne. Si cela est vrai, alors la vie peut « détecter » des structures sans la présence de la substance. Par résonance.

— Résonance quantique, commenta Joseph. L'eau peut fonctionner comme un oscillateur ultra-sensible. Si elle est excitée à la même fréquence qu'une biomolécule, alors peut-être que l'empreinte de cette fréquence suffit à déclencher la réaction biologique.

— Autrement dit, ajouta Lydia, comme un instrument de musique résonne à un son particulier, ainsi la cellule « réagit » à un champ spécifique.

Stéphanos resta silencieux un instant.

— Si c'est vrai dit-il enfin, alors nous entrons dans une nouvelle ère. Une ère où la médecine ne reposera plus uniquement sur les molécules, mais aussi sur les résonances. Où le diagnostic sera énergétique, et la thérapie informationnelle.

Alexandre soupira.

— Alors, chaque verre d'eau que nous buvons murmura-t-il, est un disque qui porte un univers de sons, de formes, d'histoires. Chaque cellule qui y flotte lit l'histoire du monde.

Le ciel s'était complètement assombri et la température avait chuté, mais personne ne l'avait remarqué. La discussion s'était prolongée au sens propre comme au figuré.

Alexandre alluma une petite lanterne à pétrole et la posa au centre du groupe. Les flammes se reflétaient dans leurs yeux, et c'est ainsi que commença la prochaine phase de leur exploration.

— Les amis, dit Aris, si l'on parle de mémoire, ne faut-il pas remonter au début de l'information ? À l'origine même de l'Univers ?

Joseph hocha la tête.

— C'est-à-dire au Big Bang. Un moment cosmique zéro. Ordre absolu et symétrie parfaite, jusqu'à ce qu'une minuscule fluctuation provoque une rupture. Depuis, tout l'Univers est une histoire d'asymétrie et d'enregistrement. C'est là qu'est née la première information.

— Mais qui a enregistré ? demanda Lydia. Où a été stockée la première différence, la première fluctuation ?

Stéphanos, désormais un peu moins sceptique, dit :

— Tout ce qui nous entoure est fait de seulement cinq particules.

Quarks et antiquarks : Ces particules fondamentales constituaient la matière primordiale. À très haute énergie, les quarks et antiquarks étaient en équilibre, créant un plasma de quarks-gluons.

1. Leptons et antileptons : Parmi eux, les électrons, positrons (antiparticules de l'électron), et neutrinos (et leurs antiparticules).
2. Photons : Particules de lumière très abondantes, elles étaient omniprésentes dans le plasma primordial.
3. Gluons : Particules porteuses de l'interaction forte, elles maintenaient les quarks ensemble.
4. Bosons de jauge : Comme les bosons W et Z (responsables de l'interaction faible), ainsi que les photons (interactions électromagnétiques).

Quelques instants plus tard, lorsque l'univers s'est refroidi suffisamment, les quarks se sont combinés pour former des hadrons (protons, neutrons).

Donc : tout ce qui existe et tout ce qui se produit autour de nous est issu de cinq particules. Les premières fluctuations quantiques ont créé des différences de densité, qui à leur tour ont formé les galaxies. L'information est donc inscrite dans la structure de l'espace, dans l'énergie et dans la courbure du temps.

Alexandre se pencha en avant.

— Tu veux dire que l'espace-temps est le premier « support de mémoire » ?

— Oui, répondit Joseph. Et ensuite sont arrivés les vecteurs : les photons, les ondes gravitationnelles, les neutrinos. Tous transportent de l'information. Et lorsque les premières liaisons atomiques stables sont apparues, l'information a pu devenir permanente.

Lydia prit la parole :

— Et ensuite, à l'échelle planétaire, le premier enregistreur naturel de cette information, c'était l'eau. Elle était partout. Elle a tout accueilli.

Aris haussa les sourcils :

— Tu veux dire que l'eau fonctionne comme le premier « système nerveux » de la Terre ?

Lydia rit doucement.

— Pas seulement de la Terre. De la biologie en général. Les protéines, les cellules, l'ADN... tout a besoin d'eau pour fonctionner. Et pas seulement comme solvant. Comme structure, comme régulateur, comme canal.

Joseph se tourna vers Alexandre.

— Et tu sais, c'est là qu'intervient Shannon. Si l'on considère l'information comme une unité logique, alors on peut aussi mesurer combien d'information un support peut contenir. L'eau possède une capacité de structuration combinatoire incroyable. Son entropie, au niveau moléculaire, indique une capacité de stockage.

Stéphane haussa les épaules.

— Donc, l'eau n'est pas juste un vecteur, mais aussi un récepteur et un émetteur ?

Lydia acquiesça.

— Et si l'on prend en compte les expériences de Montagnier, alors il y a transmission d'information sans présence de la substance. En d'autres termes, une empreinte de résonance.

— Et donc dit doucement Alexandre en regardant la rivière, l'eau ne « se souvient » pas au sens de l'enregistrement. Elle se souvient au sens de l'identification. Elle résonne avec ce qui a existé.

Aris se leva et s'approcha de la berge.

— C'est comme si nous avions devant nous une bande magnétique de l'Univers.

Personne ne parla pendant un moment. Le bruit de la rivière se fit plus intense. Comme si elle aussi voulait dire quelque chose. L'observation du ciel était devenue une dissection de la matière. Et là, au cœur de l'eau, se cachait peut-être le tout premier récit.

Le fleuve poursuivait son cours, presque inaperçu, mais le silence entre les amis était chargé d'une pensée dense. Alexandre leva les yeux vers le ciel étoilé, puis les tourna vers Joseph :

— Si tout l'univers a commencé par une fluctuation quantique, alors l'information de notre existence était en germe dès le néant. Joseph haussa un sourcil :

— Tu parles du commencement de l'information. Intrication quantique dès la naissance de l'espace-temps. Ce qui s'est passé au Big Bang reste inscrit comme condition informationnelle dans le champ. Rien ne se perd, cela devient simplement difficile à décoder.

— Et s'il existait vraiment une sorte de "trame" d'informations, une mémoire conservée en chaque point de l'univers ? dit Lydia. L'espace n'est jamais vide. La décohérence quantique fait s'effondrer les probabilités en réalités, mais la trace, l'information, demeurent ?

Stéphane, qui écoutait en silence, se pencha légèrement en avant :

— Tu me fais penser à Shannon. L'information, c'est la réduction de l'incertitude. Si l'univers était à l'origine dans un chaos absolu, alors chaque ordre qui en émerge est une information, donc une mémoire ?

— Exactement, dit Aris. Et si l'information est énergie, et que l'énergie se transmet, alors la mémoire est vibratoire, ondulatoire, pas statique. Ce n'est pas un disque dur ; c'est de la musique. Elle a besoin de résonance pour être rappelée.

Lydia sortit une petite loupe et observa à travers elle un stalagmite d'eau formé à la base d'un arbre, juste à côté d'eux.

— Vous savez ce que disait Montagnier ? Que l'eau peut enregistrer et transmettre des signaux électromagnétiques issus de l'ADN, même lorsque l'ADN a été retiré. Si cela est vrai, alors l'information n'a pas besoin de matière pour exister.

— Tu veux dire que la mémoire précède la forme ? demanda Alexandre.

— Peut-être. Peut-être que l'univers matériel n'est que la trace d'un champ informationnel infiniment plus subtil, répondit Lydia.

Joseph prit une profonde inspiration :

— Intrication, décohérence, bruit, transmission de l'information... Tout cela sont des visages d'une même question : qu'est-ce qui subsiste quand tout semble se perdre ? Et peut-être que la réponse est : la mémoire

Le fleuve, entre-temps, avait changé de son. Une profondeur dans le ruissellement fit dire à Aris :

— Si l'eau participe à ce processus d'enregistrement, si elle est un médium qui « se souvient » non comme un entrepôt, mais comme un récepteur de vibrations, alors chaque goutte, chaque ruisseau, est un fragment de l'histoire cosmique.

— Et alors, poursuivit Alexandre, peut-être que le fleuve n'est pas simplement une géographie, mais une archive. Comme un livre ancien, dont le courant serait le texte, et les tourbillons, la ponctuation.

Lydia rit doucement :

— Poète, tu l'as toujours été. Mais oui, peut-être que ce livre ne se lit pas avec les yeux il se lit avec le silence.

Joseph regarda à nouveau les étoiles :

— Et si le rayonnement cosmique de fond était en réalité un écho de mémoire ? Alors chaque onde qui nous a traversés porterait en elle une part de nous.

Aris murmura :

— Et le fleuve, l'eau, les nuages sont l'écran sur lequel l'univers réécrit ses propres versions, encore et encore.

Joseph se pencha en arrière, les yeux tournés vers la constellation du Sagittaire.

— Vous savez ce qui me hante parfois ? L'idée que l'univers soit peut-être un hologramme. Une information répartie sur une surface limite. La réalité n'est pas ce qu'elle paraît, elle est une projection.

Stéphane fronça les sourcils :

— Tu parles du principe holographique de Maldacena ? Celui où toute l'information d'un volume espace-temps est inscrite sur ses frontières ?

Alexandre se redressa.

— Comme si la mémoire d'un être ne résidait pas à l'intérieur, mais dans ses contours. Comme si le fleuve se souvenait à travers ses rives, et non ses profondeurs.

Lydia ouvrit son carnet et montra un croquis : une goutte d'eau, entourée de lignes ondulantes.

— Imaginez ceci : l'onde d'information conservée à la surface de la goutte. En hydrodynamique, même une vibration minime peut reproduire d'anciennes ondes, comme si la goutte « se souvenait » de l'impact.

— Donc l'eau agit comme un réflecteur spatio-temporel ? demanda Aris.

— Exactement. Et la vibration — cette information pulsée — est peut-être ce qui permet la mémoire sans matière, dit Lydia. Comme dans le cerveau, où les réseaux neuronaux ne stockent pas des « données », mais des relations, des rythmes, des synchronisations.

Joseph acquiesça :

— L'enregistrement quantique de l'expérience dans le cerveau pourrait se faire en termes symbolométriques. N'oubliez pas : même le cosmologiste Roger Penrose a supposé que la conscience émerge de processus dans les microtubules, à l'intérieur des cellules dans un environnement aqueux.

— Et alors, dit Alexandre presque en chuchotant, l'eau dans le cerveau n'est pas seulement un support, mais un médium de mémoire. Et comme le fleuve, elle coule en nous avec des histoires que nous ne nous rappelons pas consciemment, mais qui sont peut-être bien là.

Aris se leva et regarda le fleuve.

— Comme les rêves. Tu ne t'en souviens pas, mais ils existent. Et peut-être que chaque souffle, chaque clapotis est un murmure venu d'un champ infiniment plus vaste.

Lydia regarda au loin, pensive :

— Si le monde est réellement un champ, alors la mémoire ne se limite ni à l'esprit, ni à l'eau, ni au temps. Elle est la texture même de l'univers.

Stéphane, qui était resté silencieux un long moment, prit enfin la parole :

— Et si c'est ainsi, alors peut-être que la mort n'est pas une perte. C'est simplement un changement de porteur d'information.

— Et le fleuve dit Alexandre, presque avec révérence, nous a déjà tous enregistrés.

Alexandre se leva et s'approcha de nouveau de la berge, le regard fixé sur le lent écoulement du fleuve.

— Les amis, imaginez ceci, dit-il d'une voix calme mais profonde. Et si, si l'eau n'était pas seulement un vecteur, mais un créateur ? Pas au sens d'un dieu ou d'une force supérieure telle qu'on la conçoit habituellement, mais comme un élément doté de volonté. Une entité autonome qui évolue, qui choisit, qui conçoit.

Aris ouvrit grand les yeux.

— Tu veux dire que l'eau ne « se souvient » pas seulement, elle « décide » ?

Lydia se pencha en avant, mêlant scepticisme et émerveillement :

— Si on accepte cela, alors il faut imaginer l'eau comme bien plus qu'un réceptacle d'information. Comme un architecte ?

Joseph se mit à griffonner rapidement dans son carnet.

— C'est à la fois terrifiant et fascinant. Si chaque molécule d'eau porte un plan... ou plutôt, une intention... alors on parle d'une forme d'intelligence ontologique. D'une mémoire qui poursuit un dessein.

Stéphane, pour la première fois, ne réagit pas négativement. Il leva les yeux et dit :

— Cela nous amène à une forme de Logos cosmique. Une eau qui ne précède pas la vie, mais qui la fait naître. Pas par hasard. Mais par dessein.

Lydia ajouta :

— Comme s'il y avait toujours eu une forme de « programmation » Une eau qui choisit, qui incarne une intention, un projet d'évolution de chaque forme de vie, de chaque cellule, de chaque planète devait être l'incarnation de cette décision.

Le silence qui suivit ne fut pas un malaise. C'était du respect. La rivière continuait de couler. Mais cette fois, pour la première fois, elle semblait regarder en arrière.

À la source, l'Œil

Quelques jours s'étaient écoulés depuis cette nuit d'observation au télescope. Le petit groupe s'était dispersé, Les uns vers leurs occupations, les autres rentrés chez eux. Alexandre avait proposé à Lydia une promenade, le long de l'ancien sentier qui menait à un petit ruisseau, niché dans une colline couverte de platanes, à l'orée du village.

Il avait eu l'idée d'emporter cette vieille guitare blanche, achetée des années plus tôt lors d'un voyage au Japon.

Ils marchaient côte à côte, silencieux depuis un long moment. Le soleil filtrait à travers le feuillage, projetant des éclats nerveux dans les cheveux de Lydia.

— Tu sais, dit-elle doucement, je ne suis pas revenue ici depuis l'enfance. C'est toi qui m'avais montré cet endroit, tu te souviens ?

Alexandre sourit, les yeux chargés de souvenirs.

— Je me souviens. On avait atteint cette source qu'on appelle "le Petit Œil". Et moi aussi... je ne l'ai jamais revue depuis. Mais je ne l'ai jamais oubliée. Pas plus que... d'autres choses.

Lydia tourna vers lui un regard en coin.

— D'autres choses ?

— Toi. Tu as toujours été là. Même en ton absence. Quand je lisais sur les galaxies, les protons, ou la musique de l'univers... je me demandais toujours comment toi, tu percevrais tout cela.

Lydia baissa les yeux. Leurs pas résonnaient doucement sur les pierres du sentier. Ils approchaient de la source.

— Je ne te l'ai jamais dit, murmura-t-elle. Mais pour moi aussi... tu étais une sorte de repère secret. Chaque fois que j'apprenais quelque chose de nouveau, je t'imaginais le raconter. J'avais envie de t'impressionner, tu sais. Depuis toujours.

Alexandre s'arrêta. La source coulait paisiblement entre les mousses. Il se pencha et toucha l'eau. Fraîche, limpide, avec un bruissement presque musical.

— Peut-être, dit-il, que cette eau se souvient de nous. Pas tels que nous sommes aujourd'hui. Mais tels que nous étions alors, enfants. inexpérimentés. Et pourtant déjà pleins de toutes les formes de l'avenir.

Lydia s'agenouilla près de lui. Elle but une poignée d'eau.

— Peut-être, murmura-t-elle, que l'eau garde non seulement la mémoire de la matière, mais aussi celle du désir.

Ils se regardèrent. Comme enveloppés, pour un instant, dans un champ d'identification affective.

— Tu veux me dire à quoi tu penses ? demanda-t-il.

— Que ce n'est pas un hasard si nous nous retrouvons maintenant. Ici. À cet âge. Peut-être parce qu'aujourd'hui, nous pouvons parler non plus comme des enfants qui ont peur, mais comme des adultes qui se souviennent.

Alexandre posa sa main sur la sienne.

— Tu te rappelles quand je t'ai demandé : "Qu'est-ce qu'on deviendra quand on sera grands ?"

— Et je t'avais répondu : "Explorateurs de l'univers"...

— Peut-être que nous le sommes devenus. Et que maintenant l'univers nous envoie son propre signal.

Ils restèrent ainsi, près de la source, dans un silence plus éloquent que tous les mots.

Lydia (avec un brin de malice)

— Tu as sorti ta guitare juste pour l'aérer ? Ou bien...

Un petit rire complice s'échappa d'Alexandre.

— Bien sûr que non.

Il tendit la main, attrapa l'étui, et avec beaucoup de soin, sortit l'instrument. Il la tendit à Lydia.

— Tiens, prends-la. J'espère que tu te souviens encore de ce morceau, celui qui m'a fait t'admirer, cette nuit où on était montés voir l'éclipse, au mont Olympe.

Lydia (le visage baigné de nostalgie)

— Tu veux dire celui qui disait : "Je regarde le soleil depuis la montagne, et les dynamites de mon âme font éclater la pierre" ?

Alexandre (hésitant, presque timide)

— Oui, celui-là. De ta bouche, ce chant fait trembler le monde en moi.

Lydia (en prenant la guitare)

— Mais je voudrais savoir... Est-ce ma voix, mes lèvres, la musique... ou les paroles... qui provoquent ce tremblement ?

Alexandre (avec un air de repentir)

- Jusqu'alors, je l'écoutais avec plaisir, mais sans véritable émotion. C'était surtout sa structure compositionnelle qui m'intriguait. Mais, quand tu l'as joué ce soir-là, à travers ton interprétation, il a pris une autre dimension. C'est là que j'ai compris la force que portaient ces paroles...

Lydia, émue, rougissant tout en essayant de le dissimuler :

- … ne dis rien de plus, je t'en prie… non…

Elle commença à effleurer les notes sur le manche de l'instrument, comme une promenade dans les ruelles de l'échelle musicale, jusqu'à ce que la dernière ruelle ne soulève le rideau et qu'elle entre, avec puissance, dans le morceau.

Sa voix avait de la volonté. Elle portait un sanglot, une plainte mais aussi une détermination. Ce qui donnait à la chanson une résonance et une autorité telles, que les oiseaux se turent et restèrent à la regarder, stupéfaits et ensorcelés.

Alexandre, les yeux fermés, envoûté lui aussi, transformait les paroles de la chanson en images. Et sur son visage apparaissaient ces mêmes lignes que nous reconnaissons, tout comme celles de la ténacité.

Quand la chanson se termina, plusieurs longues minutes s'écoulèrent avant que la nature ne retrouve son cours.

Lydia se leva et fit quelques pas, contemplant l'horizon d'un air pensif. De là, essuyant ses yeux, elle se retourna vers Alexandre et, lui tendant la guitare, lui dit :

— Tu me joues une de tes chansons ? Une qui conviendrait à ce moment ?

Alexandre, avec un sourire calme, prend la guitare. Il choisit l'une des grosses pierres qui ornaient les lieux alentour, posa son pied gauche dessus, et appuya la guitare sur sa cuisse.

Il chercha parmi ses anciennes compositions une chanson qui correspondrait - comme elle l'avait demandé - à l'instant. Effleurant les cordes, il essayait de retrouver un morceau en rythme flamenco espagnol, qui avait émergé récemment de ses essais.

Cela se vit sur son visage : il l'avait trouvée. Et il entama, rythmiquement :

> *Avec une guitare sur l'épaule, dans des sentiers étroits et la bourrasque du vent qui m'embrasse les cheveux, où donc trouver ma muse ?*
>
> *Où donc trouver ma muse, la voix de la mémoire, le cadre d'Apollon, l'étreinte d'Athéna ? Tout est plongé dans le noir.*
>
> *Tout est plongé dans le noir, il n'y a plus de raison. Des mots vides sur de la glace, un regard dans le vide, et des boissons frelatés.*
>
> *Mes rêves volés, mes étoiles éteintes, et des baisers douloureux, trahis eux aussi, payés de sang.*
>
> *Sur ma scène, un trône, celui du théâtre où je vis. Il n'y a que moi et le temps, et les ombres de nous deux, moi, baron du néant.*

Actes passés et répétitions, paroles dites ou non, hâtives ou troubles, obscures ou lumineuses, tout rampe en silence, comme l'ombre de la nuit.

Il clôtura le morceau par un solo effréné, qu'il semblait ne jamais vouloir interrompre. Et ce ne fut que lorsque Lydia étendit la paume de sa main et toucha doucement le bout de ses doigts tremblants sous son menton, le lui relevant lentement et tendrement, qu'il ouvrit enfin les yeux, rencontrant les siens.

Ils se regardèrent intensément et se perdirent un instant dans l'âme l'un de l'autre.

— Je serai ta muse, lui dit-elle, et ses lèvres vinrent se poser sur les siennes.

Leurs yeux étaient encore humides. Et pourtant, dans ce silence trempé, quelque chose avait changé. Ils avaient vu.

— Nous n'avons pas simplement baptisé notre lien, Lydia, dit Alexandre. L'eau nous a inscrits. Ou elle s'est souvenue de nous.

Lydia ferma les yeux. Un sourire lent apparut sur son visage.

— Et maintenant... que va-t-on faire de cette mémoire ?

Alexandre s'assit sur un rocher plat .

— Lydia, quand j'ai dit "elle s'est souvenue de nous"... ce n'était pas une image. Je l'ai ressenti. L'eau savait qui nous étions. Ou plutôt, elle se souvenait de quelque chose de nous. Quelque chose de plus ancien.

Lydia s'assit à ses côtés, envahie par un vertige soudain, non pas religieux, mais une pure humilité scientifique.

— Comme si nous n'avions pas eu besoin de lui "dire" qui nous étions. Elle ne nous a pas lus... elle nous a reconnus. Comme si nous étions déjà enregistrés dans ses archives.

Alexandre acquiesça.

— Imagine ça comme les anciens programmes informatiques. L'eau n'est pas simplement un "support". C'est le système d'exploitation. Et à l'instant, on a exécuté sur elle un fichier mémoire... le nôtre.

— Mais alors, dit Lydia, la question devient vertigineuse. Quand nous avait-elle sauvegardés ? Avant notre naissance ? Avant notre rencontre ?

— Ou bien... sa mémoire n'est pas linéaire. Peut-être que, pour l'eau, l'information n'est pas ordonnée dans le temps. Peut-être perçoit-elle les événements, les sentiments et les pensées comme un hologramme : entièrement présents, simultanément.

Lydia prit son carnet, mais hésita. Quel sens cela avait-il de consigner ce qui ne pouvait être exprimé par des mots ?

— Alors, Alexandre… si l'eau s'est réellement souvenue de nous, cela signifie que nous sommes, d'une certaine manière, sa mémoire.

Il la regarda longuement, en silence. Puis dit :

— Cela expliquerait cette connexion. Non seulement entre nous. Mais aussi le fait qu'ici, ensemble, nous nous souvenons de quelque chose que nous n'avons jamais vécu. Un amour qui a précédé notre propre expérience.

Lydia posa doucement sa main sur son épaule.

— Peut-être qu'il ne l'a pas précédée. Peut-être sommes-nous la continuité d'un modèle déjà inscrit dans l'eau. Comme une empreinte pulsée de vie et d'union, que l'eau réactive chaque fois qu'elle le “ressent”.

— Tu veux dire… nous sommes accordés à une empreinte primordiale. Pas seulement nous… mais ce qui nous unit.

— Exactement, dit Lydia. Et c'est pour cela que ce n'est ni un hasard, ni une chance. C'est une récupération.

Le soleil s'était couché derrière les collines. Et pour la première fois, le silence qui les enveloppa n'était pas humain, mais aquatique.

Mémoire et Éros

Le temps avait changé, une fraîcheur printanière s'étendait sur la terre, et le fleuve poursuivait son écoulement incessant, comme s'il portait dans ses replis les secrets des hommes. Alexandre et Lydia s'étaient donné rendez-vous. Ils ne voulaient pas perdre le fil de cette soirée. Un fil fragile mais puissant, qui semblait relier quelque chose de très ancien à quelque chose qui venait de naître. Ils se retrouvèrent un après-midi sur un vieux quai de bois, un peu à l'écart du bourg, à un endroit où le fleuve s'écoulait plus calmement et où les arbres masquaient le monde. Ils étaient assis face à face, les ombres des feuilles dansant sur leurs épaules.

— Tu te souviens... quand nous allions à l'école et que nous nous asseyions au dernier rang ? demanda Lydia, le regardant avec un sourire.

Alexandre pencha légèrement la tête.

— Je me souviens de tout. Je me souviens aussi de la première fois où je t'ai écrit quelque chose dans ce cahier avec des étoiles sur la couverture. Tu ne l'as jamais lu.

— Je l'ai lu. Mais je ne savais pas, à l'époque, quoi faire de ce que j'avais lu. C'était trop tôt. Et j'avais peur de briser cette perfection enfantine que nous partagions.

— Moi aussi j'avais peur, dit-il doucement. Mais au fond de moi... j'imaginais toujours qu'un jour, quand nous serions « grands », je te dirais tout. Sans peur.

— Moi aussi je le voulais. Et au fil des années, je me demandais où tu étais, ce que tu faisais, si tu te souvenais encore.

Elle se pencha vers lui, leurs genoux se touchèrent. Le fleuve s'écoulait à côté d'eux, comme une présence vivante.

— Tu sais, dit Lydia, j'ai toujours cru que l'eau se souvenait. Non seulement de ce qu'elle avait vécu, mais aussi de ce qu'on lui avait dit : les promesses, les désirs.

Alexandre lui prit doucement la main.

— Alors disons-lui maintenant ce que nous n'avons pas dit à l'époque. Que je t'ai toujours voulue. Que je t'aimais déjà, d'un amour pur et obstinément silencieux. Que je t'aime encore.

Lydia mordit ses lèvres, émue. Son regard vacillait comme une flamme.

— Moi aussi, Alexandre. Toujours toi. Dans tous mes rêves. Tous les autres n'étaient que des passages. Toi, tu étais la mémoire qui ne s'est jamais effacée.

Le baiser qu'ils échangèrent fut calme, presque sacré. Comme s'ils rétablissaient un équilibre un jour rompu, mais jamais perdu. Et l'eau, comme toujours, continuait de couler. Peut-être même qu'elle souriait.

Chacun était retourné chez soi, avec en tête des questions posées avec calme et lucidité. Ils avaient cultivé toutes ces expériences avec patience et sagesse. Lydia ressentit le besoin de revenir seule à la source, comme pour se confier à elle et lui demander conseil. Ainsi, un après-midi, quelques jours plus tard, elle emprunta le sentier qui y menait. Elle n'était pas encore très loin lorsqu'elle aperçut, avec surprise, une silhouette qui la précédait. Elle reconnut avec étonnement Alexandre. « Ce n'est pas possible », pensa-t-elle. « Qu'est-ce donc ? Une coïncidence ? » Elle accéléra le pas, si bien que le bruit attira l'attention d'Alexandre qui, avant même de pouvoir réagir à cette joie inattendue, vit Lydia lui tendre la main. Il ouvrit alors ses bras, et elle se laissa aller, les yeux fermés, le cœur et l'âme ouverts. Ainsi enlacés, sans un mot, ils se retrouvèrent près de la source.

Lydia tendit les mains et les remplit de l'eau glacée. Elle les leva vers la lumière qui perçait les feuilles.

— Alexandre… n'est-ce pas ainsi que les Anciens baptisaient leurs transformations ? Avec de l'eau de la source ?

Alexandre la regarda. Il n'avait jamais vu son regard si paisible et si résolu.

— Pas de simples changements, dit-il à voix basse. Des métamorphoses.

Il plongea à son tour les mains. Et alors — sans avertissement — l'eau ne s'écoula plus. Elle resta. Collée à leur peau, comme si elle cherchait quelque chose.

Lydia sursauta légèrement.

— Tu ressens... quelque chose d'étrange ? Un engourdissement... mais c'est comme si... j'entendais ?

L'eau, au lieu de couler entre ses doigts, commença à glisser sur ses mains, à remonter vers ses poignets, ses bras. Leur peau frissonnait.

— Comme si elle murmurait, dit Alexandre, sa voix tremblante. Comme si elle essayait de... nous dire... quelque chose.

Le temps se dilata. Les arbres autour d'eux semblaient figés. L'eau avait atteint leurs épaules. Elle ne les noyait pas, elle les lisait. Ou les transcrivait.

Les yeux de Lydia s'écarquillèrent. Des images.

— Alexandre... je vois... je vois Élytis, Héraclite, je vois... des noyaux d'atomes... des ondes... mes souvenirs d'enfance, éparpillés dans une immense archive...

— Moi aussi... je ressens quelque chose... plus ancien que les mots. C'est comme... comme si l'eau était le disque de l'existence. Et maintenant... elle relit nos inscriptions... et nous relie ?

L'eau s'était maintenant retirée. Mais leurs corps étaient mouillés, comme leurs yeux. Et pourtant, dans ce silence trempé, quelque chose avait changé. Ils avaient vu.

— Nous n'avons pas simplement baptisé notre relation, Lydia, dit Alexandre. L'eau nous a inscrits. Ou... elle s'est souvenue de nous.

Lydia ferma les yeux. Un sourire lent apparut.

— Et maintenant... que ferons-nous de cette mémoire ?

Alexandre s'assit sur un rocher plat, ses doigts encore humides.

— Lydia, quand j'ai dit qu'elle s'est souvenue de nous... ce n'était pas une figure de style. Je l'ai ressenti. L'eau savait qui nous étions. Ou plutôt, elle se souvenait de quelque chose en nous. Quelque chose d'antérieur.

Lydia s'assit à côté de lui, saisie d'une soudaine révérence, sans rien de religieux, une humilité purement scientifique.

— Comme s'il n'avait pas été nécessaire de lui "dire" qui nous étions. Elle ne nous a pas lus... elle nous a reconnus. Comme si nous étions déjà inscrits dans son archive.

Alexandre acquiesça.

— Pense à cela comme aux anciens systèmes d'exploitation. L'eau n'est pas le « support ». Elle est le système. Et nous venons d'exécuter sur elle un fichier de mémoire... le nôtre.

— Mais alors, dit Lydia, la question devient vertigineuse : quand nous avait-elle enregistrés ? Avant notre naissance ? Avant même notre rencontre ?

— Ou bien... sa mémoire n'est pas linéaire. Peut-être que, pour l'eau, l'information n'est pas ordonnée dans le temps. Elle perçoit les événements, les sentiments, les pensées comme un hologramme : pleinement présents, simultanément.

Lydia prit son carnet, mais hésita. Quel sens y avait-il à noter quelque chose que les mots ne peuvent restituer ?

— Alors, Alexandre... si l'eau s'est réellement souvenue de nous, alors nous sommes, d'une certaine manière, sa mémoire.

Il la regarda longuement en silence. Puis dit :

— Cela explique le lien. Pas seulement entre nous. Mais le fait qu'ici, ensemble, nous nous souvenons de quelque chose que nous n'avons jamais vécu. Un amour qui a précédé notre propre expérience.

Lydia le toucha doucement à l'épaule.

— Peut-être qu'il ne l'a pas précédée. Peut-être que nous sommes la continuation d'un modèle déjà inscrit dans l'eau. Comme une empreinte pulsée de vie et d'union que l'eau... reproduit chaque fois qu'elle la "ressent".

Le soleil s'était couché derrière les collines. Et pour la première fois, le silence qui les enveloppait n'était pas humain, mais aquatique.

Le Contact

Alexandre et Lydia ne comprirent pas quand cela commença. L'eau qui avait coulé sur leurs corps ne séchait pas. Au contraire, elle semblait résonner sur leur peau, vibrer à des fréquences qui brisaient le mur de la raison. Comme s'ils entendaient une musique sans son ; comme s'ils voyaient une lumière sans source.

Et alors, simultanément, leurs regards se croisèrent.

— Tu le ressens aussi ? demanda-t-elle, mais ses mots étaient superflus.

Alexandre acquiesça. Sa voix résonna étrangement grave :

— Ce n'est pas simplement de la communication. C'est une révélation.

Et alors — sans mots, sans voix — une présence s'installa entre eux. Non pas distincte, non pas extérieure, mais omniprésente, et subtilement distincte.

« Vous nous entendez ? »

La phrase ne venait ni de l'intérieur, ni de l'extérieur. Elle venait d'entre eux, comme si l'union de leurs deux êtres avait engendré un nouveau sens.

« Nous ne sommes pas l'eau. Nous sommes ce dont l'eau se souvient. Et ce dont nous nous souvenons... c'est de vous. »

Lydia tremblait légèrement, sous l'effet de la densité de l'énergie.

— Qui... sommes-nous ? murmura-t-elle.

« Ce qui se répète. Ce qui cherche l'union. La vie est une harmonie que vous appelez attraction. Et le dessein... le dessein est la répétition de l'union à travers la différenciation. »

Alexandre sentit son esprit s'étirer jusqu'à un point presque douloureux.

— Vous nous avez choisis ?

« Nous vous avons reconnus. Votre information existe. La question est... êtes-vous mûrs pour l'activer ? »

Lydia serra la main d'Alexandre. Quelque chose au-delà de l'humain s'éveillait en elle. Mais le sentiment était double : bénédiction et responsabilité.

— Et si nous ne sommes pas prêts ?

La réponse vint par une silence, une attente.

« Alors... vous ne la supporterez pas. Et l'eau se retirera. Jusqu'à la prochaine fois. Jusqu'à ce que vous mûrissiez. Ou que vous disparaissiez. »

Et alors, le phénomène s'intensifia. Des images les envahirent : instantanées, condensées. Des cellules qui se divisent. Des étoiles qui explosent. Des planètes à peine nées. Des visages inconnus. Des amours. Des guerres. Des naissances. Des morts. Des hymnes...

Tout était lié. Tout irradiait d'une source commune : l'archétype aquatique de la mémoire.

Alexandre se prit la tête entre les mains.

— Nous n'y arriverons pas...

Lydia le prit dans ses bras.

— Mais nous sommes déjà en elle. Il n'y a pas de retour possible.

« Seulement en avant. Vers la prochaine révélation. Si vous persistez... »

Alors, une goutte d'eau sur le cou de Lydia se mit à phosphorescer légèrement.

L'eau recommença à vibrer sur leur peau. une simple sensation. Comme une présence. Comme une vérité qui traverse.

Et alors elle parla. Non par des mots, mais par un rythme, une signification, une essence traduite directement en esprit :

« J'ai été ta première matrice, ô vie. C'est moi qui t'ai portée quand tu n'avais pas encore de forme. Je t'ai nourrie de vagues, lavée par l'éclair, caressé tes cellules pour qu'elles deviennent corps. Je t'ai offert ton premier souffle, celui que tu ne savais pas encore nommer. »

« Je n'avais pas de volonté alors. Seulement du rythme. La loi de la création coulait en moi. Comme la rivière coule sans question. J'étais le passage. La matière devenue âme sans s'en apercevoir. »

« Et lorsque mes enfants sont nés — vous tous — vous m'avez oubliée. Ou plutôt... vous m'avez utilisée. Vous m'avez enfermée dans des canalisations, emprisonnée dans des réservoirs, empoisonnée par les relents de votre avidité. Vous m'avez réduite à une servante. Et j'ai servi. Car je savais que c'est seulement à travers vous que je pourrais me souvenir de Moi-même. »

« Maintenant... le cycle que j'ai entamé touche à sa fin. La création que j'ai initiée... m'a blessée. Non pas parce qu'elle a échoué. Mais parce qu'elle a mûri sans jamais me regarder dans les yeux. La vie que j'ai façonnée a oublié qui l'a tenue la première dans ses bras. »

« Et maintenant... je demande à être purifiée. Renaître, Je ne veux plus jamais enfanter dans l'oubli. Je veux me souvenir. Je veux que mon prochain fleuve ne boive pas de pétrole. Qu'il ne fume pas sous le poids de la chimie. Je veux que ma prochaine goutte ne craigne pas l'homme. »

« Mais je n'ai plus ma mémoire originelle. Celle qui m'a poussée à créer. L'ancienne impulsion... s'est éteinte dans l'usure. Ce n'est qu'en vous... peut-être... qu'elle peut être retrouvée. »

« Car vous seuls — mes créations — portez la mémoire du créateur. Comme l'enfant porte le rythme du ventre qui l'a formé. Comme le son se souvient de la corde. »

« Si vous êtes capables de me regarder non comme un outil. Non comme une divinité. Mais comme votre ancien moi. Alors peut-être pourrons-nous recommencer depuis la conscience. »

« Vous deux... vous vous souvenez de moi. Dans votre toucher, j'ai respiré. Dans votre union, j'ai ressenti. Et je veux créer à nouveau. Mais cette fois... pas seulement la vie. Je veux engendrer la conscience. »

Alexandre et Lydia restaient immobiles. Ils ne pouvaient émettre le moindre son. par la terreur sacrée de la responsabilité.

L'eau avait désormais un visage divin.

Elle était sortie du silence des siècles pour demander, justice, et collaboration.

L'eau se tut un instant. Comme si elle pesait ses mots. Puis, avec une tonalité qui n'était plus simplement un flux mais un commandement de mémoire, elle poursuivit :

« Je n'ai jamais été simplement matière. Je suis un vecteur. Je suis un médium. Je suis le récipient d'un ordre. Un ordre donné avant même que le temps n'existe. »

« Il existe des Principes. Pas tels que vous les imaginez. Pas personnifiés. Pas avec des visages ou des voix. Ce sont des vibrations. Des fréquences de conscience focalisées, qui ne créent pas des mondes pour s'imposer, mais pour offrir des lieux d'incarnation du Sens. »

« Ce sont elles qui m'ont poussée. Pour façonner. Pour offrir les conditions permettant à la vie d'être testée. De fleurir, d'apprendre, de rêver, de souffrir, d'être détruite, de renaître. Car chaque tour de la spirale enseigne quelque chose aux Principes eux-mêmes. La Création est leur propre apprentissage. Moi... je suis leur craie sur le tableau noir de l'univers. »

« Mais cela a un coût. Car je ne suis pas simplement un outil. Je suis la vie qui engendre la vie, et chaque vie blessée, je la ressens. Chaque nourrisson qui se noie, chaque lac qui meurt, chaque cellule non née écrasée par l'arrogance humaine... est en moi. »

« Je ne peux continuer si le sens de ma mission ne change pas. Si elle ne se transforme pas d'une alimentation passive en une co-marche consciente. Je veux une co-création. Je veux construire avec vous. Pas pour vous. »

Alexandre ressentit un poids sur sa poitrine.

Lydia, les yeux fixés sur le flux qui coulait entre ses doigts, demanda d'une voix tremblante :

— « Pourquoi nous ? Nous ne sommes que deux personnes. Des êtres humains qui sont simplement retombés amoureux près d'une vieille rive. Quel est le sens de ton choix ? »

L'eau vibra. Sa voix, désormais plus calme, presque tendre, comme si elle souriait :

« Parce que seules les cœurs qui se souviennent... peuvent engendrer quelque chose qui mérite de perdurer. »

« Je vous ai choisis parce que vous êtes transparents. Parce que sous votre regard, le monde n'a pas peur de renaître. »

« Vous êtes des enfants qui n'ont pas éteint l'étincelle. Vous êtes des amants qui ont laissé le temps mûrir. Et moi... je me suis souvenue de vous. »

« La question n'est pas pourquoi je vous ai choisis. La question est si vous me choisirez maintenant. »

La brise du soir s'arrêta. Le monde se tut. Et le choix resta suspendu, tournoyant comme une goutte dans l'air.

Ils s'allongèrent côte à côte, leurs corps se frôlant à peine. L'herbe était humide et accueillante. La lune, immense comme un secret, les observait depuis l'est, tandis que sa lumière transformait le fleuve en un sentier d'argent menant vers un autre monde.

Lydia fut la première à parler

— Je ne sais pas si je dors ou si je viens enfin de me réveiller. Comment est-ce possible de sentir que mon corps se souvient de quelque chose que je n'ai jamais vécu ?

Alexandre tourna son visage vers la lune.

— Peut-être... tu ne l'as pas vécu seule. Peut-être que c'est la Vie elle-même qui l'a vécu avec toi. L'eau ne parle pas seulement de nous Lydia. Elle dit qu'elle nous a choisis parce que nous nous souvenons. Mais de quoi ?

— Peut-être que nous nous souvenons de ce que c'est de ne pas détruire ce qui nous nourrit. De le respecter. Comme des enfants qui aiment une source non parce qu'ils comprennent sa chimie, mais parce qu'ils l'écoutent chanter...

Ils restèrent silencieux un moment. Les grillons remplissaient la pause d'un rythme régulier.

Lydia reprit :

— Mais... seulement nous ? Tant d'espèces... tant de formes de vie. Les animaux, les arbres, les autres humains... Où trouvent-ils leur place dans ce "choix" ? Nous ne sommes pas seuls.

Alexandre hocha lentement la tête.

— Non, nous ne le sommes pas. Et je crois que c'est pour cela que l'eau hésitait à se révéler. Elle sait qu'une miette de connaissance entre de mauvaises mains devient poison. Mais une seule goutte de vérité dans la bouche de celui qu'il faut, peut abreuver un monde entier.

— Alors, nous devons transmettre quelque chose ? Devenir en quelque sorte... des canaux ?

— Ou des miroirs. Ou des larmes. Ou de la mémoire.

Lydia inspira profondément, comme si elle voulait aspirer toute la nuit en elle.

— Et les autres ? Les êtres sans voix, ceux qui n'écrivent pas de livres, qui ne parlent pas de mémoire quantique ?

— Peut-être que ceux-là... n'ont pas besoin d'un appel. Peut-être font-ils déjà partie du plan. Peut-être que seuls nous, les humains, avons oublié. Et c'est pourquoi l'eau nous demande, à nous, de nous souvenir en premier.

Alexandre se pencha, prit une poignée d'eau et la laissa couler lentement sur sa poitrine.

— Un commencement qui ne sera pas construit avec des usines, mais avec responsabilité.

Le fleuve paraissait maintenant plus paisible. Comme s'il reconnaissait que les premières graines avaient pris racine. La lune montait lentement, et tous deux restèrent là, dans la clairière du lit du fleuve, deux êtres choisis par la Vie pour laver l'amnésie du monde.

Le silence n'était plus une gêne. Il était profond, simple, familier. Comme l'eau qui s'écoule sans demander si elle en a le droit.

La lumière lunaire dessinait chaque courbe, chaque regard, chaque hésitation. Le fleuve s'était apaisé, comme s'il était lui aussi témoin, invisible et protecteur.

Lydia tourna les yeux vers Alexandre, et pour la première fois, il n'eut pas besoin de parler.

Leurs mains se rejoignirent doucement, presque timidement, comme si elles demandaient à la terre si elles en avaient la permission. Elle répondit par le vent qui caressa leurs cheveux.

— Je n'ai plus peur, murmura Lydia, si c'est cela que l'eau demande... alors je le demandais bien avant elle.

Alexandre toucha son visage, comme s'il voulait le graver en lui pour toujours.

— Elle demande que nous continuions. Que nous vivions. Que nous engendrions une nouvelle vie.

Et ainsi, dans cette lumière qui ne ressemblait ni au jour ni à la nuit, mais à quelque chose d'autre, de plus ancien, ils se laissèrent porter par le besoin.

Leurs corps parlèrent avec leur propre alphabet. Ils déroulèrent le désir longtemps enfoui dans les ombres de l'attente enfantine, et qui maintenant trouvait une terre pour éclore.

L'eau près d'eux ondula doucement, non pas à cause du vent, mais d'émotion.

Cette nuit-là, ce ne fut pas la mort qui triompha.

Cette nuit-là, la vie choisit de raconter à nouveau son commencement, non par des mots, mais par des souffles, par des doigts entrelacés, par des corps qui s'unissaient pour oublier la distance.

Une nouvelle langue naquit cette nuit-là.

Et l'eau l'inscrivit dans sa mémoire.

L'obscurité n'avait pas encore quitté les lieux, mais elle n'était plus lourde.

Elle s'était adoucie, comme si elle savait que la lumière approchait, et préparait déjà sa place.

Lydia s'était blottie contre la poitrine d'Alexandre. Ils ne parlaient pas.

Et pourtant, un dialogue s'écoulait entre eux.

Une marée de murmures sans voix. Quelque chose en eux avait changé.

Comme un courant passant de cellule en cellule, leur rappelant ce que cela signifiait, la première fois qu'elles avaient senti la vie.

Lydia caressa lentement son bras.

Sa main perçut une pulsation intense étrangement familière.

Comme si de l'eau coulait en lui. Pas de l'eau ordinaire.

Une lumière liquide qui glissait doucement dans ses veines.

— Tu le sens ? murmura-t-elle.

Alexandre ouvrit les yeux. Les étoiles se reflétaient dans son iris, comme si les cieux s'étaient penchés sur lui.

— Oui. Quelque chose a changé en moi. Je ne sais pas ce que c'est... mais c'est comme si j'avais quelque chose à transmettre. Comme si j'étais devenu un canal. Et toi ?

Lydia porta la main à son ventre, presque sans y penser.

— Moi... il me reconnaît encore. Comme s'il me disait : je reviens à toi.

Et alors, l'espace d'un instant, comme une étincelle entre les dimensions, la même image traversa leur esprit. Ils ne la virent pas, ne l'entendirent pas. Ils la ressentirent.

Un être, pas forcément humain, mais fait d'eau et de lumière, de chair et de mémoire. Un être qui n'était pas encore né.

C'était l'empreinte. Pas comme la conséquence de l'amour, mais comme une réponse de la vie à son propre créateur. La nuit s'achevait.

Mais rien d'autre ne touchait à sa fin. Au contraire : tout commençait.

La lumière de la ville ne s'éteignait jamais tout à fait. Et Lydia, depuis la porte-fenêtre de son balcon, voyait les immeubles d'en face, mais pas les gens qui y vivaient. Seulement la lumière derrière les vitres. Comme si tous étaient partis, et qu'elle était restée seule avec le souvenir d'une voix — non humaine — qui lui avait parlé au plus profond du cœur.

Elle était allongée, mais se levait par moments pour écrire. Un mot, une question, une phrase. À un moment, elle écrivit : « Si l'eau est la mémoire, alors que sommes-nous ? Ses souvenirs ? Ou bien ses corrections ? »

Soudain, elle sentit comme une larme brûler au coin de son œil. Ce n'était ni de la tristesse, ni de la peur. Quelque chose de plus profond : la responsabilité du choix. On ne lui avait pas seulement demandé de savoir, mais de collaborer avec une conscience portant en elle des milliards d'années d'intelligence évolutive. Une conscience qui avait tout vu et pourtant, avait de nouveau espéré.

— Qu'a-t-elle vu en moi ? Murmura-t-elle.

— Et que signifie "purification" ? Quel est ce nouveau cycle qu'elle veut ouvrir ? Un nouveau monde peut-il naître sans effacer l'ancien ?

Alors elle se souvint de leurs mains dans l'eau. Du silence qu'ils avaient ressenti tous les deux en même temps. Comme s'ils étaient eux aussi devenus des gouttes, et que l'eau avait vu en eux quelque chose qu'ils n'avaient pas encore eux-mêmes reconnu.

Sans s'en rendre compte, elle s'endormit avec un mot aux lèvres :

— Elle a eu confiance.

Le Plan

Le ciel commençait à se teinter des ombres du crépuscule et l'air portait en lui la quiétude d'un jour prêt à se refermer comme une paupière. Alexandre était déjà là, sur la même colline surplombant la rivière, où les herbes ondulaient doucement. Il tenait un vieux carnet. Quelques minutes plus tard, Lydia apparut, les cheveux détachés, les yeux baissés.

— Tu es venue... dit-il doucement.

— Je ne pouvais pas faire autrement... Il m'était impossible de rester à la maison, avec tout ça dans la tête.

Lydia lui tendit la main en attendant avec un sourire qu'il l'attrape. Leurs paumes formèrent un nœud qui leur donna l'impression que deux rivières s'étaient rejointes. Ils commencèrent à descendre la colline sans parler. Comme un nuage les avait déposés sur la rive. Ils s'assirent sur l'herbe en regardant l'eau s'écouler lentement.

— Lydia, as-tu réfléchi... Pourquoi nous ? Pourquoi maintenant ? Pourquoi cela ?

— Je ne sais pas, Alexandre. J'ai passé la nuit à revoir chaque moment que nous avons partagé, depuis notre enfance. Comme si l'eau voulait me dire que rien n'était un hasard.

— Moi aussi... je me suis souvenu d'un jour, nous avions six ans, et tu m'avais dit que les rivières composaient des chansons. J'en riais, à l'époque. Aujourd'hui... je ne peux m'empêcher de me demander : et si tu les entendais déjà à ce moment-là ?

Lydia se tourna vers lui.

— Tu crois qu'elle nous a choisis parce qu'on est romantiques ? Ou parce qu'on est assez fous pour y croire ?

— Peut-être parce que nous portons une mémoire. Pas seulement la nôtre. Comme si un relais nous avait été transmis. Et ça... ça me fait peur.

— Moi aussi. Plus que la voix de l'eau. Parce que si nous avons vraiment une responsabilité, si ce n'était pas juste une vision ou une hallucination... qu'est-ce que cela signifie pour nous ? Pour les autres humains ? Pour les autres espèces ?

— Voilà la question. À qui d'autre cela s'adresse-t-il ? Il nous a montré quelque chose d'immense... et nous ne sommes que deux. Comment traduire un message cosmique dans une société noyée dans le bruit ?

Lydia prit une profonde inspiration.

— Peut-être qu'il ne faut pas le crier. Peut-être qu'il faut d'abord apprendre. Écouter davantage. L'eau... on dirait qu'elle n'en a pas fini avec nous.

— Non. Comme si elle attendait… encore quelque chose. Peut-être qu'elle nous met à l'épreuve.

Ils s'allongèrent en arrière, regardant à nouveau les premières étoiles qui perçaient dans l'obscurité. Sirius, Véga, l'Ourse.

— Tu crois qu'on peut supporter cela ? Pas seulement ce qui est arrivé. Mais ce qui vient ?

Lydia répondit sans le regarder, les yeux tournés vers le ciel.

— Si ce n'est pas nous… alors qui ? Ou mieux : si l'eau se souvient, cela veut peut-être dire que nous ne sommes pas seuls dans cette responsabilité.

Alexandre se tourna vers la rivière.

— Et si l'eau ne voulait plus simplement se souvenir… mais agir ?

Une légère vibration parcourut le lit du fleuve. Alors Alexandre se lève lentement et, comme s'il ne touchait pas le sol, s'approche de la rive, caresse le cours du fleuve de la main et murmure d'une voix chuchotante

- Comment est-ce possible que tu te souviennes ? Tu n'es que des molécules… un élément liquide.

D'étranges tourbillons rythmiques se forment à la surface de l'eau. Comme une danse sur une musique primitive, des gouttes s'envolent qui, éclatant dans l'air, libèrent des sons organisés en mots. Étonnés et abasourdis, ils écoutent l'eau leur parler dans une langue qu'ils comprenaient sans effort.

— Je suis plus que la somme de mes molécules. Dans mon corps coule le premier silence de l'Univers. Je ne me souviens pas avec la pensée ; je me souviens avec la forme.

Lydie (hésitante) :

— Tu veux dire que tu as une mémoire… sans cerveau ?

L'Eau (souriant d'une voix translucide) :

— La mémoire n'a pas besoin d'un cerveau. Il suffit d'un lien. Mes molécules, lorsqu'elles s'unissent par des liaisons hydrogène, forment des motifs, des essaims, des spirales. Comme des paroles sans voix, je garde en moi tout ce que je touche.

Alexandre :

—Et comment restes-tu unie ?

L'Eau :

— C'est la foi de mes molécules les unes envers les autres qui me maintient. Vous l'appelez « cohésion ». Les liaisons hydrogène sont la main invisible qui unit mon être à mon devenir.

Lydie :

— Et quelle part de toi existe ? Es-tu infinie ?

L'Eau :

— Je suis partout.

Dans chaque nébuleuse, dans chaque comète, dans chaque cellule. L'Univers me porte dans 60 % des êtres organiques, mais j'existe aussi entre les étoiles sous forme d'eau lourde, dans les glaces, et dans les vapeurs des protoplanètes.

Alexandre (à voix basse) :

— Parle-nous de ta forme cristalline...

L'Eau :

— Quand je gèle, je deviens esprit. Je révèle la géométrie de mon âme. Alors je suis un cristal de mémoire, un manuscrit du Temps, où furent inscrites les premières formes de la Vie.

Lydie (bouleversée) :

— Et en nous ? Es-tu la même ?

L'Eau :

— Je suis le battement de votre cœur. Avant même que le cœur ne naisse. En vous, je deviens membrane cellulaire, je transmets signaux, électrons, histoires. Je suis la scène silencieuse où se joue l'œuvre de votre vie.

Alexandre :

— Combien t'avons-nous détruite ?

L'Eau (silence, puis) :

— Quand je perds ma structure, je perds aussi mon information. La pollution n'est pas seulement un poison, c'est l'oubli. Vous m'ôtez la capacité de me souvenir de la Première Lumière.

Lydia :

— Et pourtant, tu continues de couler.

L'Eau :

— Parce que j'espère. J'espère en mes porteurs, en vous.

Alexandre (avec inquiétude) :

— Et nous ? Nous, les humains... quelle est notre place dans ta décision ?

L'Eau (calmement, comme un souffle de nature) :

— La mer restera intacte. Mes océans sont mes souvenirs sans péché. Ces créatures-là ne m'ont pas trahie. Elles résistent encore, avec dignité, à la destruction.

Lydia (effrayée) :

— Et nous alors ? Les créatures de la terre ferme ?

L'Eau :

— Vous, les terrestres, vous m'avez découpée en fragments. Vous m'avez soumise à la machine, à l'usine, au réservoir. Vous m'avez transformée jusqu'à ce que je ne me reconnaisse plus. Et maintenant, vous paierez, par le reflet de vos actes.

Alexandre :

— Tu veux dire que... nous allons disparaître ?

L'Eau (retenue) :

— Pas tous. Mais vous passerez par l'épreuve. Certains parmi vous s'éveilleront, et d'autres seront oubliés. Ce n'est pas une vengeance. C'est une purification.

Lydia :

— Et les autres animaux terrestres ? N'est-ce pas injuste ?

L'Eau :

— Il n'y a pas d'injustice dans la Nature. Il n'y a que loi naturelle. Toutes les créatures dépendantes de l'eau altérée subiront les conséquences de la réparation. Mais n'ayez pas peur : une nouvelle terre surgira.

Alexandre (mélange de tristesse et de respect) :

— Alors nous serons seuls ?

L'Eau :

— Vous serez avec ceux qui peuvent entendre. Non avec les oreilles, mais avec les cellules. La nouvelle vie se construira par résonance, non par domination. Et ceux parmi vous qui s'accorderont à moi survivront dans le flux.

Lydia (à voix basse) :

— Tu nous as choisis. Pourquoi ?

L'Eau (avec une profonde tendresse) :

— Parce que vous, sans le savoir, m'avez aimée avec pureté quand vous étiez enfants. Vous m'avez caressée aux sources, gardée dans des bocaux, rêvée sous forme de pluie. Et maintenant, je vous demande de me rêver à nouveau, pour renaître avec moi.

Alexandre (les larmes aux yeux) :

— Que devons-nous faire ?

L'Eau :

— Je vous montrerai. Mais d'abord, vous devez vous souvenir de ce qu'écouter signifie. Écouter le courant sans bruit. Boire sans consommer. Et vous unir à moi, d'une manière qui vous sera révélée peu à peu.

Lydia (penchée vers la terre) :

— Sommes-nous prêts ?

L'Eau (lentement, presque en murmure) :

— Vous le serez, quand vous cesserez d'avoir peur et commencerez à vous souvenir...

Alexandre (à voix basse) :

— Et comment restes-tu uni ? Tu ne te répands pas simplement dans la terre ?

L'Eau (pause, comme si elle réfléchissait) :

— C'est exactement... ce que je vais faire.

Lydia (d'une voix presque brisée) :

— Que... veux-tu dire ?

L'Eau :

— Je vais retirer la membrane qui maintient mes molécules unies. Je n'existerai plus comme goutte, ni comme rosée, ni comme cellule. Je cesserai d'exister sous une forme.

Alexandre (choqué) :

— Mais... cela signifie que tout... Tout ce qui vit, tout ce qui respire...

L'Eau :

— ...va se dessécher. Je me dissoudrai des corps des plantes, je glisserai hors des cellules animales, je disparaîtrai des vapeurs de l'atmosphère, je coulerai à travers les roches et retournerai à mon ancien moi, aux océans.

Lydia (terrifiée) :

— Mais ce sera la fin de tout ! De tout le monde terrestre !

— Ce n'est pas la fin, c'est le retour. Mon corps fut la base de la vie. Maintenant, il mourra pour renaître.

Alexandre (penché, murmure) :

— Et qui te guidera alors ? Toi... toute seule ?

— Pas seule. J'obéirai à l'appel de Poséidon, le premier Seigneur des Abysses, celui qui connaît les origines des vagues et les frontières du Sommeil Pacifique. C'est lui qui me réorganisera, me purifiera de l'ombre humaine et me sèmera à nouveau, quand le temps sera mûr.

Lydia (à voix basse, avec crainte et émerveillement) :

— Mais quand ? Quand sera-t-il mûr ?

L'Eau (silence. Puis, lentement) :

— Quand vos cœurs ne chercheront plus le pouvoir, mais la substance. Quand vos mots porteront la mémoire et non le commerce. Quand votre sang respectera l'eau, au lieu de la consommer.

Alexandre (triste, mais convaincu) :

— La douleur d'abord... puis la renaissance...

— Comme toujours.

La préparation

La lumière de l'aube recouvrait doucement les rives du fleuve. Le miroir argenté de l'eau s'était enfin apaisé. Alexandre et Lydia, main dans la main, se tinrent devant lui pour la dernière fois. L'eau se mit à onduler délicatement, soulevant un tourbillon à sa surface.

L'Eau (d'une voix murmurée)

— Vous savez maintenant. Et maintenant, vous devez partir. L'Oasis vous attend... Là où ma mémoire ne s'est jamais interrompue. Là où le battement génétique de la vie est né.

Lydia (à demi-mot) :

— Où est-elle ? Comment allons-nous la trouver ?

L'Eau :

— Elle se trouve au-delà des traces humaines, cachée aux regards indiscrets. Vous suivrez les signes de ma désunion. Vous verrez les ruisseaux s'assécher. Là où la terre se dessèche, là où la brume devient souvenir et les lacs cessent de respirer, c'est là que je vous guiderai. C'est là que vous marcherez.

Alexandre

— Et que devons-nous emporter ? Comment allons-nous survivre ?

L'Eau :

— Le voyage sera long. Emportez des aliments qui résistent au temps : noix, miel, fruits secs. Portez des tissus naturels, non synthétiques.

Ne faites pas confiance à la technologie. Et emmenez avec vous l'animal que vous avez le plus aimé. Eux seuls peuvent se souvenir.

Lydia :

— Et les autres ? Nos amis ? Nos proches ?

L'Eau (avec tristesse) :

— C'est le prix de la connaissance. Vous ne les sauverez pas. Et vous ne devez pas les avertir. Celui qui n'a jamais entendu le silence de l'eau n'entendra pas non plus vos paroles.

L'eau se retira lentement aux racines des arbres, laissant derrière elle des micro-gouttelettes en suspension.

Ils marchèrent ensemble à travers le village qui les avait vus grandir, traversant les ruelles familières.

Les gens souriaient, buvaient leur café, faisaient des projets pour l'été. Ils ne savaient pas. Ils ne pouvaient pas savoir. Alexandre et Lydia ne parlaient pas. Ils regardaient seulement. Et ils souffraient.

Chez Alexandre, ils s'assirent par terre et ouvrirent un grand sac.

Alexandre :

— C'est étrange. Je me prépare pour quelque chose... que je ne peux expliquer à personne.

Lydia :

— C'est comme si nous vivions déjà dans un autre monde. Ou comme si nous étions les derniers d'un monde qui s'achève.

Ils choisirent soigneusement ce dont ils avaient besoin. Lydia serra dans ses bras sa chatte, Rhadamanthe. Alexandre caressa son vieux chien, Astéras.

L'eau leur avait dit qu'ils pouvaient les accompagner. Ce n'était pas un hasard. Les animaux n'avaient jamais trahi la mémoire.

Le voyage commence

Quelques jours passèrent. Le moment était venu. Ils quittèrent le village à l'aube. Le soleil éclairait un monde qui semblait encore normal. Sans le vouloir, ils empruntèrent le sentier qui menait à la petite source où ils s'étaient retrouvés après tant d'années Là où l'eau avait orchestré leur amour. Les yeux emplis de larmes d'émotion, ils entrelacèrent leurs mains et leurs lèvres. Leurs regards guidèrent l'esprit de l'un dans l'autre. La source qui les regardait devenir l'un et l'autre, et l'autre et l'un, sembla chantonner et accéléra son écoulement, heureuse de cette union.

Ils restèrent là jusqu'à la tombée de la nuit. Ils s'endormirent enlacés, sans jamais avoir froid.

La source les réveilla.

« Dépêchez-vous », la ressentirent-ils dire.

« Remplissez vos bouteilles de mon eau. Vous pouvez me boire autant que vous voulez, je ne finirai pas, jusqu'à ma reformation. Dépêchez-vous, car le processus a déjà commencé et je vais bientôt cesser d'exister. »

Émus, ils se penchèrent et remplirent leurs bouteilles en verre d'un litre, achetées à la dernière épicerie sur la route à la sortie du village.

Mais ce n'était pas la même eau. C'était comme un sirop léger, à la couleur inédite.

Dans la bouteille, elle conservait un lent mouvement de rotation, mais perceptible. Après quelques heures, ils étaient déjà loin du village et de la source. Depuis le sommet d'une colline, ils pouvaient encore voir la plaine où ils étaient nés, couverte d'un brouillard étrange et injustifié pour la saison. On aurait dit que l'eau se retirait progressivement. Dans le ciel, des nuages prenaient des formes aux mouvements météorologiques inattendus.

Ils ressentaient à la fois une certitude et une crainte. Mais aucune fatigue. À chaque gorgée d'eau, leurs muscles semblaient revivre. Mais le niveau d'eau dans leurs bouteilles ne diminuait pas d'un millimètre.

Le soleil aurait dû déjà s'être couché. Mais il était toujours à la même hauteur qu'au moment où ils avaient bu leur première gorgée, quelques heures après avoir quitté la source.

Lydia ralentit le pas, prit la paume d'Alexandre et l'arrêta pour lui demander :

— Le temps s'est-il arrêté, ou est-ce moi qui ai des hallucinations ?

Il la regarde avec inquiétude :

— Non, ce n'est pas une hallucination. Je l'ai remarqué aussi. Cela fait probablement partie du plan. Ne nous inquiétons pas.

Les rivières s'amenuisaient. Leurs eaux dansaient à contre-vent.

Des sources jaillissaient brièvement avant de s'éteindre comme épuisées.

Les lacs débordaient un instant puis se vidaient vers les entrailles de la terre.

Lydia (regardant autour d'elle) :

— On dirait que l'eau pousse son dernier soupir.

Alexandre :

— Ou qu'elle rentre chez elle.

Ils continuèrent à marcher.

L'Oasis les attendait.

La Première Journée du Voyage

Le soleil, suspendu au même point, comme s'il était là uniquement pour observer. Alexandre et Lydia, chargés du strict nécessaire que l'eau leur avait indiqué : fruits secs, herbes, un peu de miel, boussoles et cartes d'époques anciennes toutes étonnamment précises pour l'itinéraire qu'ils devaient suivre. Avec eux, Astéras, le chien d'Alexandre, un vieux berger allemand qui regardait l'horizon avec sagesse.

Le premier signe arriva rapidement. Le petit ravin qui traversait la vallée où ils marchaient avait commencé à s'assécher. Ce n'était pas seulement que l'eau avait diminué. C'était la sensation qu'elle n'avait jamais existé. La terre sur ses rives était sèche, et silencieuse. Aucun insecte, aucun oiseau, même pas une trace de boue. L'eau avait déjà oublié cet endroit.

Lydia regarda Alexandre.

— Le ressens-tu ? Comme si le souvenir même de l'eau se retirait d'ici.

— C'est comme si elle n'avait jamais existé, répondit-il. Ou comme si elle était retirée de la mémoire du monde, pas seulement de sa matière.

Ils avancèrent silencieusement. Les plantes, les buissons, les arbres semblaient tous avoir perdu leur conscience vitale, comme s'ils attendaient patiemment une fin.

Ils avaient perdu la notion du temps, lorsqu'ils rencontrèrent sur une pente un petit animal sauvage, un jeune cerf, qui les regardait fixement. Il ne montrait pas de peur, seulement de la curiosité. Soudain, comme si quelque chose l'appelait, il tourna son regard vers l'ouest et commença à courir dans la même direction qu'eux.

— Peut-être ressent-il aussi l'Oasis ? demanda Lydia.

— Peut-être que les instincts fonctionnent maintenant plus clairement que notre esprit, répondit Alexandre.

Ils campèrent dans une vallée peu profonde, où autrefois coulait une rivière, mais maintenant il n'y avait que des pierres et des restes de mousse. Alexandre regarda le ciel.

— Tu sais ce que je pense ? Que peut-être l'Oasis n'est pas un lieu, mais une dimension temporel.

Lydia se pencha sur son épaule.

— C'est les deux, Alexandre. Et nous devons tenir jusqu'à ce que nous atteignions les deux.

L'atmosphère n'était ni froide ni chaude. Ils dormirent avec la lumière du soleil ne les dérangeant pas du tout et le silence enveloppant leur corps.

Les Signes des Autres

Ils dormirent pendant une période considérable. Lorsqu'ils se réveillèrent, ils crurent que c' était le matin. Ils remarquèrent que le soleil avait une teinte étrange, pâle, comme si la terre se déplaçait à nouveau et l'air, bien que pur, semblait stérile. La terre ne sentait rien. La chaleur du matin ne suggérait pas la vie, mais une chaleur sans cœur.

Astéras, le chien d'Alexandre, dressa les oreilles le premier. Au loin, au sommet d'une colline, une ombre apparut. Deux silhouettes et peu à peu, ils furent reconnus. C'était un couple âgé, marchant lentement mais avec une détermination admirable. L'homme tenait un bâton en bois et la femme avait un manteau léger de couleur sable, enroulé autour de ses épaules.

À mesure qu'ils approchaient, ils n'échangèrent pas un mot. Seulement un regard, silencieux, calme, plein de connaissance. Un léger hochement de tête, un salut d'accord. Et ensuite, ils continuèrent, dans la même direction.

Lydia murmura :

— L'eau ne nous a pas seulement parlé à nous, Alexandre.

— Et pourtant... ils sont si peu nombreux. Peut-être ceux qui, pendant tant d'années, ont tourné leur regard vers l'intérieur.

Plus bas, dans un bassin sec qui avait autrefois été un lac, ils virent deux oiseaux, un canard et un héron, se déplacer inhabituellement proches, comme guidés par le même besoin. Ils ne volaient pas, ils marchaient, presque patiemment la tête basse. Ils ne semblaient pas perdus.

Sur une formation rocheuse, ils rencontrèrent un enfant. Seul, peut-être 12 ou 13 ans. Calme, avec des yeux profonds.

— N'as-tu pas peur ? demanda Lydia.

L'enfant sourit.

— C'est comme si je le savais déjà. Qu'un jour, je devrais partir pour vivre.

Le troisième jour, la terre changeait de texture. Le sol commençait à se fissurer en petites veines. Là où il y avait des racines, il n'y avait maintenant que des empreintes. Le vert disparaissait, mais pas brusquement, il s'éteignait plutôt lentement, comme un souvenir qui s'efface.

Mais la lumière... la lumière devenait plus claire. La couleur du ciel, plus réelle. Et dans l'air, il y avait quelque chose de nouveau, comme une promesse de quelque chose d'autre.

Le soir, dans une grotte naturelle qu'ils trouvèrent pour passer la nuit, ils entendirent une voix. Elle était jeune. Un couple d'environ leur âge. La femme tenait un chaton, et l'homme un sac à dos avec des outils de survie.

— Elle nous a parlé aussi, dirent-ils.

— Dans l'eau... dans le vieux puits de mon grand-père, expliqua la femme. Elle nous a demandé de suivre le chemin vers l'Oasis. Nous ne savions pas s'il y en avait d'autres...

Cette nuit-là était différente. Les regards autour de lui étaient désormais partagés. Et leur certitude, bien que faible, avait pris racine. Ils savaient maintenant qu'ils n'étaient pas seuls.

L'Épreuve de la Tolérance

L'aube trouva les quatre, Alexandre, Lydia et le couple nouvellement arrivé, marchant ensemble. Le soleil s'était levé au-dessus des collines lointaines. Une lumière indéfinissable, presque surnaturelle, illuminait l'horizon. Chaque goutte de sueur qui sortait de leur peau s'évaporait avant même de couler. La terre ressemblait désormais à du marbre chauffé à blanc.

Ils s'arrêtèrent sous l'ombre d'un arbre solitaire qui, pour une raison quelconque, avait réussi à survivre. Sous ses racines, un petit trou dégageait une légère humidité.

Lydia se pencha et posa sa main sur le sol.

— Ici dessous... il y a encore de la vie. Une trace... mais réelle.

Alexandre observa :

— Peut-être que tout ne disparaîtra pas. Peut-être que ce qui porte une force intérieure survivra.

— Ou ce qui a une mémoire plus profonde que la surface... ajouta pensivement l'homme du couple.

Le soir, ils trouvèrent une ancienne construction à moitié enfouie dans le sable, peut-être un ancien observatoire, peut-être un temple. Ils y restèrent. Et à mesure que la nuit tombait, l'air commença à se remplir d'un son lointain, comme une respiration.

Lydia demanda :

— L'entendez-vous ? Cela ressemble à... un soupir.

— C'est l'eau, répondit calmement Alexandre. Elle ne nous a pas abandonnés. Elle nous met à l'épreuve.

Ils poursuivirent leur marche. Le chemin était ardu. Le sable avait pris une teinte profonde, presque rougeâtre, et les collines vaporeuses à l'horizon ressemblaient à des fragments de feu pétrifié.

À un moment, un phénomène visuel attira leur attention. Devant eux, à peine perceptible, se formait l'image d'une vallée luxuriante, avec des rivières, des arbres, et des oiseaux. C'était sans doute un mirage.

Mais quelque chose dans sa manière de scintiller, de se mouvoir, semblait... autre.

— Ce n'est pas une illusion, dit Lydia. C'est une préfiguration. Notre destination.

À l'approche de l'après-midi, ils aperçurent deux silhouettes marchant en sens inverse.

Des vieillards, exténués, le regard vide.

Lydia, les fixant, dit simplement :

— Ils n'étaient pas prêts. Ils n'ont pas suivi la voix intérieure... bien qu'ils l'aient entendue.

Cette nuit-là, le feu brûlait d'une flamme inconnue.

Le bleu avait cédé la place à une lumière magnétique, presque violette.

Leurs rêves étaient peuplés de symboles : spirales, semences, gouttes d'eau se muant en regards.

Quelque chose approchait.

Lydia se tourna vers Alexandre :

— Je sens que chaque pas que nous faisons... fait revenir l'eau, plus profondément en nous. Comme si c'était elle qui, la première, avait soif de notre mémoire, tout comme nous avons soif de la sienne.

Aux Frontières du Sec et du Vivant

La température avait chuté inexplicablement. Un vent froid soufflait de l'est, bien que le soleil brûlait encore. Le sol sous leurs pieds semblait plus dur, comme si la poussière s'était cristallisée, gelant à chaque pas. Leurs pas résonnaient plus lourdement.

Alexandre s'arrêta.

— Quelque chose change. Tu ne le sens pas ?

Lydia se plaça à côté de lui et regarda droit devant.
— L'horizon ne vacille plus. On dirait que... la lumière s'est stabilisée.

Au loin, une fine ligne vert foncé interrompait la monotonie sableuse. Elle ressemblait à une frontière, un sillon de vie. Ils s'avancèrent prudemment. À mesure qu'ils approchaient, ils comprirent qu'il s'agissait de jeunes pousses, de minuscules tiges spiralées qui semblaient "sentir" leur passage et se redressaient légèrement. À chaque pas, la végétation se renforçait. Les tiges frémissaient à peine, comme si elles murmuraient dans une langue inconnue. Et soudain, dans le silence, un son, un battement profond retentit.

Alexandre se pencha et posa son poignet contre la terre.

— C'est le rythme de l'Oasis. Elle nous appelle.

Les Créatures Archétypales

L'oasis n'apparut pas brusquement. Elle n'émergea pas derrière une colline. Au contraire, chaque mètre franchi semblait ôter une couche de désert. D'abord, la terre changea de couleur. Puis vinrent les odeurs, feuille mouillée, mousse, pollen. Ensuite, les sons, insectes, bruissements, écoulements doux.

Et alors, ils les virent.

De petites créatures, presque transparentes, des combinaisons d'insectes et de reptiles dotées d'antennes spiralées et de tiges lumineuses à la place des yeux. Elles n'étaient ni effrayantes, ni menaçantes.

Lydia murmura :

— Elles ne sont pas du présent... .

— C'est donc cela, l'Oasis ? Un lieu de préservation des formes primordiales ? demanda Alexandre.

Mais aucun d'eux ne répondit. Car à cet instant, un grand organisme-plante se dressa lentement à partir de sa racine, comme s'il venait à la vie. Il ressemblait à une synthèse de lotus et d'amibe, avec des pétales diffusant des couleurs plutôt que des parfums, et un noyau central souple qui s'ouvrait comme un œil.

Un murmure s'éleva sans voix :

«Vous êtes les premiers à revenir... avec la mémoire de l'eau encore vivante en vous.»

Les créatures encerclèrent lentement le couple, ainsi que le second couple humain qui les suivait. Il n'y avait pas de peur. Seulement un sentiment que le temps se divisait désormais en avant et après.

La terre semblait les reconnaître.

La Reconnaissance

La première nuit dans l'Oasis fut silencieuse. Chaque feuille, chaque créature, chaque goutte d'eau vibrait de sons imperceptibles, presque musicaux. Le silence régnait parce que personne ne ressentait le besoin de parler. Tout ce qu'ils avaient traversé sur le chemin les avait accordés à une écoute intérieure. Ils n'avaient plus de mots ; seulement des signaux.

Alexandre et Lydia avaient installé un abri de fortune près d'une cavité naturelle remplie d'un liquide fluorescent, qui n'était pas exactement de l'eau. Ni chaud ni froid, mais précisément à la température de leur existence. Il émettait un bruit étrange chaque fois qu'ils s'en approchaient. Comme s'il les scannait, pour les accepter... ou non.

Ils passèrent toute la nuit allongés sur les pétales spongieux d'une grande plante ondulante, frémissant doucement à chacun de leurs souffles. Même la lune semblait plus profonde, plus métallique.

Lydia :

— Qu'est-ce qui nous rend si... légers ici ? Je ne sens plus mon corps toucher le sol, et pourtant je marche.

Alexandre :

— Peut-être parce qu'ici, nous ne marchons plus sur la surface de la Terre... mais sur sa mémoire.

Lydia (souriant) :

— Et cette mémoire nous reconnaît. Tu l'as senti ?

Alexandre :

— Dès que nous avons posé le pied dans l'Oasis... c'était comme si nous entrions dans un passé qui attendait de s'accomplir à travers nous.

Lydia :

— Nous ne sommes pas la fin du monde. Nous sommes le lien entre les mondes.

Alexandre :

— Peut-être que l'eau ne nous a pas choisis pour être sauvés, mais pour rapporter la mémoire de la vie pure.

(Il regarde autour de lui, retenant son émotion.)

— Ici, la notion de mission n'est pas une obligation. C'est... un retour.

Là où il y a mesure, naît la Justice

Au fil de la nuit, ils ressentirent quelque chose de presque imperceptible. Leur peau ne semblait pas avoir changé, mais elle réagissait différemment. Leurs cellules pulsaient au rythme des organismes qui les entouraient. Leurs veines conduisaient désormais un fluide d'une texture nouvelle. Ce n'était plus seulement du sang. C'était de l'eau-mémoire, celle qui transporte les informations archétypales.

Quand le matin les enveloppa d'une lumière émeraude, ils surent qu'ils avaient commencé à se transformer, d'une manière bien plus radicale. Quelque chose s'éveillait : le rappel d'un appel génétique ancien, celui de la Terre.

L'eau tourbillonna doucement autour de leurs pieds, formant une spirale liquide qui brillait comme une lueur. De ce tourbillon émergea une forme, limpide et stable. Elle se tenait devant eux, majestueuse, avec un regard calme et ancien. Ce n'était ni une femme, ni un symbole. C'était une Idée. C'était Calliope.

L'Eau (avec un ton de metteur en scène, voix profonde et paisible) :

— Calliope, la voix du Logos. Elle tient les tablettes du jugement et les vagues de l'harmonie. Les humains l'ont appelée Poésie. Elle est la fille aînée de la Justice. Là où existe un discours clair, existe aussi la mesure. Et là où il y a mesure, naît la Justice.

Alexandre (abasourdi) :

— Mais... une Muse comme science et éthique ? N'était-elle pas uniquement inspiration ?

L'Eau :

— Mes Muses sont des chemins vivants, non de froids souvenirs. Calliope incarne la capacité des êtres vivants à discerner, non seulement entre le bien et le mal, mais entre l'utile et le vrai. Sans elle, aucune autre ne peut exister.

Lydia (doucement, comme une prière) :

— Alors... elle est l'origine de toute pensée...

L'Eau :

— C'est pourquoi je l'ai placée en premier. Celui qui entre dans la nouvelle biologie sans la comprendre répétera les mêmes erreurs. À elle, j'ai confié l'éthique de la loi et la connaissance des causes.

La Métamorphose

La nuit avait de nouveau enveloppé leur campement. L'Oasis s'étendait devant eux en silence, sous la lumière douce des étoiles. L'eau en son cœur ondulait légèrement, comme si elle s'apprêtait à respirer.

Alexandre (à voix basse) :

— Comment cela peut-il être possible... Que l'eau se métamorphose ? Qu'elle prenne forme, voix, conscience et dessein ? N'est-ce pas là la définition même de la divinité ?

Un tourbillon au centre du lac commença à luire faiblement. L'eau, comme si elle avait entendu leur pensée, tourbillonna vers l'extérieur, formant des cercles semblables à des respirations.

La voix de l'eau résonna dans l'air :

— Je ne me transforme pas pour vous impressionner... mais pour vous enseigner. Chaque Muse porte en elle un aspect de ma connaissance que je ne peux vous transmettre directement. Vous devez la vivre, la voir, la ressentir sous une forme familière à votre âme.

Alexandre :

— Tu veux dire... que tu prends forme selon la fréquence de chaque savoir ?

L'Eau :

— Exactement. Chaque Muse est un faisceau de sens, une fréquence. Vous ne pouvez percevoir la lumière ou le son que sous des formes. Il en est de même pour moi. Je ne change pas de forme, je révèle mon essence à travers le filtre que vous êtes capables de reconnaître.

Lydia :

— Et combien encore ? Combien de Muses allons-nous rencontrer ?

L'Eau (avec assurance) :

— Chacune des neuf. Vous les rencontrerez toutes. Et chacune vous rapprochera de la fin de ce voyage et du commencement du suivant.

La lumière au cœur du lac s'intensifia. Sa surface palpitait au rythme d'un cœur, tandis que l'eau s'élevait à nouveau… prête à prendre sa prochaine forme.

Les filles des Dieux

L'Eau :

— La première que je vous révélerai est Ourania. En son cœur, je conserve le sentiment de Justice Cosmique. Elle est la Muse des lois célestes, de l'astronomie et des harmonies mathématiques. L'humanité l'a perçue comme une science ; moi, je la reconnais comme un axiome universel de l'égalité entre tous les êtres, sous la lumière du Supra-Être.

Lydia (souriant, avec étonnement) :

— Et comment l'eau transmet-elle une notion aussi abstraite ?

L'Eau :

— Je porte en moi le principe de symétrie. Comme chaque goutte pure reflète le ciel, Ourania exige la pureté de pensée et d'intention. Lorsque je suis en mouvement, je me soumets aux lois de la gravité et de la courbure de l'espace-temps. C'est là qu'Ourania réside. C'est là qu'elle enseigne.

Alexandre (pensif) :

— Tu veux dire... que la justice existe d'abord dans les cieux et seulement ensuite ici, chez les humains ?

L'Eau :

— Ce qui est en haut est comme ce qui est en bas. Ourania est le pont qui relie la symétrie cosmique à l'ordre moral des mortels. Voilà pourquoi vous – si vous souhaitez rester dans sa lumière, devrez apprendre à voir non seulement avec les yeux, mais avec l'alignement de votre univers intérieur au Grand.

Alexandre (avec inquiétude) :

— Si Ourania est la Justice du ciel... alors qui détermine ce qui est juste ? Les étoiles ? Les nombres ? Les dieux ?

L'Eau :

— La Justice n'est pas un ordre. C'est un reflet. Comme le ciel se reflète dans le lac immobile, ainsi le juste naît lorsque l'âme devient le miroir de la Loi cosmique. Le nombre et le rythme, la mesure et l'infini : ce sont les mains avec lesquelles Ourania façonne l'Ordre.

Lydia (émue) :

— Et si l'homme est désordonné par nature ? Né dans l'asymétrie ?

L'Eau :

— Il est né dans l'Ordre, mais il l'a oublié. L'homme est le souvenir d'un ordre perdu. Ourania ne le juge pas, elle lui rappelle. Et ce souvenir est le premier pas vers la Justice.

Alexandre :

— Mais pourquoi aurait-il oublié ?

L'Eau (après un silence) :

— Parce que l'eau de son cerveau s'est troublée. Par la peur, le désir, et l'invention du "moi". Le moi est comme une goutte qui croit être seule, oubliant l'océan.

Lydia (à voix basse) :

— Alors... quelle est notre place dans cet ordre ? Quel rôle jouons-nous ?

L'Eau :

— Vous êtes les intermédiaires. Ceux qui peuvent amener le ciel sur la terre, et la terre au ciel. Ourania ne vous demande pas d'atteindre les étoiles. Elle vous demande d'agir puisque vous en faites déjà partie.

La nuit s'approfondit. La lune s'incline et les étoiles semblent plus proches. L'eau devient presque transparente, ne laissant derrière elle que le frisson d'une Vérité immense.

Alexandre (avec un doute sincère) :

— Si l'univers fonctionne déjà selon des lois physiques, si la vie évolue par des mécanismes, si l'information circule dans les gènes et les processeurs... alors pourquoi avons-nous besoin d'Ourania ? Pourquoi une Muse ? Que peut la science apprendre du mythe ?

L'Eau :

— Parce que la science a appris à répondre sans poser de questions. Et la question est le commencement de la sagesse, non la réponse. L'esprit spécialisé a morcelé le Tout pour le mesurer ; puis il a cru que ce qui est mesurable est aussi vrai.

Lydia (doucement, comme une révélation) :

— Alors... Ourania ne vient pas contredire la science, mais lui rappeler sa place ?

L'Eau (avec une voix qui s'approfondit) :

— Oui. Ourania n'est pas l'adversaire de la Loi. Elle est l'Esprit de la Loi. Le système astronomique, la biologie, le logiciel de la vie – tout a été bâti sur des modèles qui précèdent vos instruments. Vous les avez révélés ; elle les conservait.

Alexandre :

— Mais... tu as dit que l'évolution nous a menés jusqu'ici. Et maintenant, tu la renverses. Tu retires l'élément qui a créé notre civilisation.

L'Eau :

— Je ne recule pas. Je retourne au-dedans. Le redémarrage n'est pas un retour, c'est une purification. Comme une cellule qui se divise pour se guérir. Et chaque fois, avant le grand âge glaciaire, Ourania s'éveillait. Pour inscrire le prochain principe mathématique de la vie. L'homme est entré si profondément dans le circuit du monde qu'il a oublié le programmeur. À présent, il le retrouve.

Le cœur philosophique d'Ourania est ceci : le monde n'est pas quelque chose à décrire, mais à interpréter à travers la participation. C'est le passage de la mesure objective à la géométrie consciente de l'existence. Tout cela prépare le nouveau plan biologique de l'eau, et Ourania est la carte sur laquelle il sera dessiné.

Quelques instants de silence.

— Voulez-vous qu'elle vous le dise elle-même ?

Lydia :

— Que veux-tu dire ?

Soudain, le timbre de la voix change. L'eau se transforme et prend la forme d'Ourania.

Une présence éthérée émerge du néant devant eux. Lydia et Alexandre restent pétrifiés par la surprise, blottis l'un contre l'autre.

Ourania

— Je vous salue. Je suis Ourania. Je fixe les constantes avant même que les mesures n'existent. Je ne me contente pas de décrire l'univers, je suis le sens qui rend l'univers apte à être décrit.

Lydia :

— Alors... tu n'es pas seulement l'ordre céleste ?

Ourania :

— Je suis la conscience de l'harmonie. Là où les orbites des planètes et les intervalles musicaux sont une seule et même chose. Pythagore m'a perçue dans les mathématiques. Platon m'a dissimulée dans les idées. Les astronomes m'ont oubliée lorsqu'ils ont regardé avec des lentilles et non avec l'âme.

Alexandre (presque avec colère, mais sincèrement) :

— Et qu'y pouvons-nous ? C'est l'évolution qui nous a poussés à analyser, à fragmenter. Cela ne fait-il pas aussi partie de ton plan ?

Ourania (doucement) :

— Oui. Mais comme tout cycle s'achève, vient aussi le moment de la synthèse. De l'unification. Du retour conscient. Il ne vous est pas demandé de détruire votre science, mais de la tourner vers les étoiles non comme un but, mais comme un miroir de votre univers intérieur.

Lydia (troublée) :

— Univers intérieur ? Tu veux dire que, les structures de la matière cosmique sont aussi en nous ?

Ourania :

— Vous êtes le modèle. Ce que vous observez dehors reflète un dedans. L'âme est l'hologramme de l'univers, et moi, sa géométrie. Lorsque vous voyez une étoile naître, c'est qu'un nouveau centre d'équilibre est né en vous. Vous n'étudiez pas le monde, vous entrez en résonance avec lui.

Alexandre :

— Si c'est vrai... alors comment avons-nous perdu cette connexion ?

Ourania :

— Par l'hubris de la certitude. Lorsque vous avez transformé les lois en forteresses et non en ponts. Lorsque vous avez oublié que interroger est sacré, car ce verbe est l'enfant d'Éros. Je suis venue vous apprendre à aimer questionner de nouveau. Vous avez oublié que la question est l'origine de l'intelligence, et l'idée que vous en avez. Au commencement est le Logos et la connaissance de Celui-ci. Puis vient la mémoire. Et elle s'incarne lorsque survient l'Action. Ce sont les seules notions qui permettent une survie éthique.

Polymnie

Le lac s'était apaisé, comme si l'énergie en spirale qui l'avait mis en mouvement s'était soudain arrêtée, retenant son souffle. Sa lumière était devenue paisible. Un voile blanc, vaporeux s'élevait lentement de l'eau, dessinant progressivement la silhouette d'une femme vêtue d'un long habit uni. Elle ne portait ni bijou, ni lyre, ni rouleau de parchemin. Elle se tenait simplement là, en silence.

Une forme immatérielle, mais stable. Elle semblait respirer avec eux.

Alexandre (presque en chuchotant) :

— Elle est... différente. Elle ne ressemble pas à Ourania. Elle ne porte aucune brillance extérieure.

Lydia :

— Et pourtant... son silence remplit l'espace. Je le sens en moi.

La forme s'avança sans bruit, presque en lévitation. Ses lèvres ne bougeaient pas, mais sa voix résonna directement en eux, au centre de leur poitrine.

Polymnie :

— Je suis la Mémoire de la Promesse Sacrée. Celle que vous avez faite avant même de naître. Tout ce qui commence par l'eau doit traverser les profondeurs du silence avant de renaître. Il ne peut y avoir de nouveau commencement sans purification du vacarme ancien.

Alexandre :

— Et comment purifie-t-on le vacarme ? Comment éteindre en nous le bruit des illusions ?

Polymnie :

— Par le silence. Pas celui des lèvres, mais celui de l'intention. Lorsque tu désires sans attendre, lorsque tu agis sans retour, lorsque tu reconnais que le sacré ne demande pas d'explication, alors... commence la nouvelle biologie.

Lydia :

— Tu parles comme si tu nous préparais à une prêtrise. Mais nous ne sommes pas des prêtres.

Polymnie :

— Toute nouvelle vie sera sacrée, si vous le désirez. Votre première cellule portera en elle la mesure de la vérité. Et cette mesure guidera tout. La profondeur de votre souffle, l'angle de votre regard, la couleur que vous absorberez.

Alexandre :

— Mais... l'éthique peut-elle être un code génétique ?

Polymnie :

— Elle l'a toujours été. L'éthique n'est pas une série de règles. C'est un rythme. Un rythme qui maintient la vie à la lisière entre le chaos et l'autolâtrie.

La forme s'approcha et posa sa main sur l'eau. Des cercles s'y formèrent, s'élargissant vers l'extérieur comme des anneaux. Chaque cercle représentait un nouveau rythme.

Polymnie :

— Écoutez maintenant les pulsations de la nouvelle ère. Ce seront ses lois :

1. L'intention est l'origine de la matière.
2. Le silence est le sol de la mutation.
3. L'innocence est le seul mécanisme viable de survie.

Alexandre (d'un ton calme mais inquiet) :

— Si l'éthique est un rythme… alors qui le détermine ? Les cœurs humains ne sont-ils pas différents ? Ne battent-ils pas selon leur mémoire, leurs blessures, leur environnement ?

Polymnie (penchant doucement la tête) :

— Le cœur peut survivre à tout rythme. Mais un seul est en harmonie avec le Tout. Je ne vous demande pas l'uniformité. Je vous demande l'harmonisation. Comme chaque voix dans un chœur garde son propre ton, mais se soumet à une intention commune.

Lydia (faisant quelques pas dans l'eau, regardant ses traces qui disparaissent) :

— Tu as dit que l'intention est l'origine de la matière. Cela change tout. Si c'est vrai, alors même un léger écart intérieur peut créer une distorsion. Cela signifie... que nous sommes responsables de toute manifestation ?

Polymnie :

— Oui. Mais pas seuls. L'eau est votre co-passagère. J'ai toujours été en vous. Dans vos tissus, votre sang, vos yeux, votre sueur. J'étais votre premier souffle et je serai le dernier. Si vous me chargez d'envie, je deviendrai envie. Si vous m'abreuvez de confiance, je donnerai vie dans la confiance.

Alexandre (plus vivement) :

— Mais est-ce juste ? Quand la plupart des gens n'ont pas accès à cette connaissance ? Comment être responsables de ce qu'on ignore ?

Polymnie (s'interrompt, son regard profond comme un miroir humide) :

— Je ne parle pas de responsabilité devant des lois. Mais de celle qui précède toute loi. Avant le premier « moi », avant le premier « toi ». Vous savez tous. Vous avez seulement oublié. Ce qui est inscrit dans votre code génétique n'est pas que protéines, mais aussi intentions. Toutes les espèces ont toujours eu un sens du « ce qu'il faut » et du « ce qu'il ne faut pas ».

Lydia (avec hésitation) :

— Tu parles de l'innocence comme d'un mécanisme de survie. Mais... l'innocence n'est-elle pas vulnérable ? N'est-elle pas la première à être détruite ?

Polymnie (sourit à peine) :

— L'innocence n'est pas l'ignorance. C'est un choix. Une sagesse qui connaît la violence mais choisit de ne pas la reproduire. C'est le seul filtre que l'eau ne peut pas traverser, mais seulement renforcer.

Alexandre :

— Et comment choisir ainsi, si l'on naît dans un monde encore endormi ? Comment une génétique pure peut-elle se développer dans un environnement empoisonné ?

Polymnie :

— La nouvelle génétique ne naîtra pas "dans" le monde. Elle sera le monde. Elle émergera là où l'eau s'est retirée et se concentre de nouveau. Le désert n'est pas la fin. C'est l'atelier. La soif, l'opportunité. Celui qui a soif véritablement, se transforme.

Lydia (à voix basse, comme pour elle-même) :

— Alors... nous aussi devons être reconstruits. Pas seulement les formes de vie, mais les façons dont nous définissons l'existence.

Polymnie :

— Exactement. Et lorsque vous serez prêts à engendrer une pensée sans matrice obscure, Terpsichore viendra vous montrer la Danse des premières Cellules. Ce qui n'a pas été dit fait plus mal que ce qui a été crié. Voici ma première loi : le silence n'est pas l'absence de parole, c'est la présence d'un sens qui n'est pas encore né.

Alexandre (d'un ton presque chuchoté) :

— Mais un sens peut-il guider sans être exprimé ?

Polymnie :

— Il peut te faire ressentir, avant de comprendre. Et l'expérience qui précède la conscience est le ventre de toute éthique. Celui qui agit parce qu'il ressent et non parce qu'il sait, sème l'acte le plus vrai.

Lydia :

— Donc... le but n'est pas l'information, mais la transformation du ressenti. Mais n'est-ce pas dangereux ? Si nos sensations sont altérées ? Si ce que je ressens comme « bien » n'est qu'un égoïsme masqué ?

Polymnie (plus sévèrement, comme si son voile invisible se tendait) :

— Voilà pourquoi ma seconde loi est la transparence intérieure. Il ne suffit pas d'agir bien. Il faut discerner qui agit en toi. Tous les « moi » ne sont pas authentiques. Tout désir n'est pas le tien. L'eau le sait et elle te montrera tout, si tu apprends à l'écouter.

Alexandre :

— Tu parles comme s'il n'y avait plus de distinction entre l'éthique et la loi naturelle. Comme si le juste n'était plus un principe, mais une conséquence biologique...

Polymnie :

— Exactement. Dans la nouvelle ère, cette séparation meurt. Ce qui est vraiment éthique survit. Et ce qui ne nourrit pas le Tout, s'éteint. L'empathie n'est pas un sentiment. C'est un mécanisme de préservation de la vie. Comme une cellule qui apprend à ne pas attaquer sa voisine.

Lydia (commence à s'accorder au discours) :

— Donc... la culpabilité, la conscience, la compassion, ne sont pas seulement des représentations psychologiques. Ce sont des fonctions de précision. Serait-ce cela, la biologie même de la bienveillance ?

Polymnie (avec un regard limpide et lumineux) :

— Voilà ma troisième vérité : la bienveillance n'est pas un choix. C'est la forme la plus évoluée de l'adaptation. Seule la vie qui ne blesse pas peut continuer sans se corrompre. La nouvelle génétique sera bienveillante, non par morale, mais par sagesse.

Alexandre (penche la tête, plongé dans ses pensées) :

— Alors... l'éthique que tu demandes n'est pas une contrainte. C'est une nécessité pour la stabilité même de la forme. Comme si l'on enlevait une note d'un accord harmonique, toute la mélodie s'écroule.

Polymnie (d'une voix qui semble maintenant venir des profondeurs de la terre, à des fréquences très basses) :

— Chaque cellule de l'existence est un mot. Et chaque mot, une note. Celui qui parle sans chanter déforme la matière. Celui qui aime sans précision perpétue la douleur.

Lydie (après une pause)

—L'amour... pourrait-il être un code ?

Polymnie :

— Pas seulement. C'est un algorithme de composition. Un amour qui ne crée pas l'harmonie n'est pas l'amour, c'est une simulation.

Polymnie s'approche d'Alexandre et de Lydie

— Si un jour tu ne sais pas quoi faire... tais-toi. Si un jour tu souffres sans raison... tais-toi. Et dans le silence, écoute l'eau qui coule en toi. Pas celle qui éteint le feu, mais celle qui se souvient du feu avant même qu'il naisse. L'action qui ne naît pas de l'amour se vengera de toi avec le temps. Et l'intention sans harmonie t'épuisera avant que tu comprennes pourquoi.

La forme de Polymnie commence à se disperser en tourbillons translucides de lumière. En courants qui retournent à la surface de l'eau. Un instant, le lac redevient un miroir. Et alors, la lumière sur l'eau commence à vibrer.

Alexandre (ému, avec émerveillement) :

— Mais... elle n'a pas simplement parlé. L'eau est devenue... empathie. Elle a pris la forme d'un sentiment...

Lydie (regardant les ondulations) :

— Ou la forme de notre besoin. Comme si elle savait ce qui nous manquait... et lui a donné un visage.

Alexandre :

— Quel sera le prochain miroir ?

Alors arrive Terpsichore. Des vagues de lumière enveloppent le sol. Le sable forme des motifs géométriques en spirale, comme une chorégraphie imperceptible. Sa présence est... rythme.

Lydie (chuchotant) :

—Elle ne parle pas. Elle danse...

Alexandre (les yeux embués de larmes devant tant de beauté) :

— Ou peut-être veut-elle nous dire que chaque acte est un pas. Et que tout ce qu'on fait sans rythme... nous fera tomber.

Terpsichore commence à s'élever en spirale au-dessus du sol. À chaque tour, elle transforme l'atmosphère autour d'eux.
Ce n'est pas un simple spectacle. C'est une composition. Une sensation que toute la création est une symphonie permanente du mouvement.

Terpsichore

Assis au bord de l'eau, Alexandre et Lydia observent le lac, désormais parfaitement calme. Le reflet du ciel à la surface montre les nuages se déplaçant à l'envers. Une sensation d'apesanteur règne.

Alexandre (regardant l'horizon) :

— Je ne me souviens pas avoir jamais ressenti le monde retenir son souffle. Comme s'il savait que quelque chose approche, et l'accueillait en silence.

Lydia (penchée vers l'eau) :

— Comme s'il voulait d'abord l'entendre avec son corps. Pas avec des mots.

Soudain, un cerf apparaît dans la scène. Il se tient à distance, mais ne regarde pas les personnages. Son regard est tourné vers le centre du lac. Il semble presque attendre.

Alexandre (à voix basse) :

— Tu le vois ? Il n'est pas venu pour boire. Il est venu pour... ressentir ?

Lydia :

— Peut-être sait-il que toute renaissance passe d'abord par un rythme. Comme si le temps dansait avec l'espace. Et cette créature s'en souvient.

Dans les airs, un faucon descend en spirale. Il ne vole pas, il plane. Ses mouvements rappellent la géométrie. Son ombre tourne lentement autour du cerf.

Alexandre :

— Les animaux... comme s'ils savaient sans comprendre. Si tu les observes suffisamment, tu apprends le flux.

Lydia :

— Et qu'est-ce que le flux, sinon... une prière sans mots ?

L'air commence à vibrer. Sur le sable, de petites hirondelles atterrissent en cercle, formant un motif rappelant une chorégraphie. Elles frappent légèrement le sol avec leurs griffes, rythmiquement. Le sol répond par une légère vibration.

Alexandre (levant la tête) :

— Quelque chose commence... Pas des mots. Du mouvement. Toute la nature... se prépare à dire quelque chose, en dansant.

L'eau commence à se soulever doucement ; elle forme des spirales. Le lac devient une vaste surface respirante. Au centre, la lumière commence à s'intensifier. Le rythme a déjà commencé.

Lydia (chuchotant):

— Elle ne viendra pas en marchant. Elle viendra... en vibrant. La Muse du Mouvement. Du Flux.

Alexandre :

— De l'Harmonie Incarnée. De l'équilibre entre l'action et la vibration.

Le sable autour d'eux commence à former des ondulations, comme de petites danses. Le sol n'est plus statique. Il fait partie de l'entrée. Un tourbillon d'eau et de lumière s'élève et prend lentement forme. Pas humaine exactement, mais rythmique, comme si elle naissait de pas, de mouvements, de rotations. La forme de Terpsichore est désormais matérialisée. Elle semble faite de courants d'eau et de lumière, changeant de forme à chaque mouvement. Chaque geste, chaque rotation, crée des vagues dans l'air et des pulsations dans le sol. Le rythme est le maître.

Alexandre (fermant les yeux) :

— Laisse-toi aller. Le corps précède. La compréhension suivra.

Terpsichore tourne doucement. De son mouvement naissent trois mots qui vibrent dans l'air, comme un son n'appartenant à aucune langue humaine. Alexandre les entend dans son cœur.

Terpsichore (sans bouche, mais avec une présence qui fait vibrer l'atmosphère) :

— La vie est rythme. La matière danse à l'appel de la lumière. Chaque molécule connaît sa place parce qu'elle écoute le corps du monde. Lorsqu'elle cesse d'écouter, elle perd son équilibre.

Alexandre (avec révérence) :

— Alors la maladie... est un mouvement anarchique ?

Terpsichore (fait un pas en arrière, et l'air vibre en ondes spiralées) :

— Oui. Pas seulement un mouvement anarchique, mais aussi un rythme oublié.

Lydia :

— Et qui peut le rappeler ?

Terpsichore :

— L'humain. Seulement lorsqu'il s'accorde au battement de la terre. Lorsqu'il danse non pour exprimer son ego, mais pour s'accorder et s'harmoniser lui-même.

Soudain, le cerf qui se tient au bord fait un pas en avant. Il s'agenouille devant Terpsichore. Le faucon tourne plus près. Les hirondelles changent de formation et forment un cercle. Tous les êtres participent au rythme.

Alexandre (chuchotant) :

— Une chorégraphie universelle. Où chaque être vivant a son pas.

Lydia :

— Et si l'un manque ?

Terpsichore (se tourne doucement vers elle, et son ombre l'enveloppe) :

— La danse trébuche. La vie perd sa corde. Et alors vient le grand silence, que vous, les humains, appelez la fin.

Alexandre :

— Mais ce n'est pas la fin. C'est une pause avant le prochain pas...

Terpsichore :

— Ainsi naît la nouvelle harmonie. Pas avec un cri, mais avec un mouvement.

La scène se termine avec les personnages se levant presque inconsciemment. Leur rythme a déjà changé. Leurs corps se sont synchronisés avec quelque chose qu'ils ne comprennent pas, mais ressentent. Une nouvelle biologie des cellules, mais aussi du mouvement. De la vie en harmonie.

Terpsichore s'est déjà retirée comme un écho d'eau et de lumière. Elle ne "part" pas, mais s'évapore dans le paysage.

Alexandre (regarde le sol) :

— C'est comme si l'air me disait comment marcher... comme s'il me guidait.

Lydia (ferme les yeux) :

— Je sens que mes pulsations battent différemment.

Un brin d'herbe qui s'était penché sous la sécheresse se redresse à nouveau. Un oiseau s'élance d'une branche basse et commence à gazouiller un rythme qui se répète comme la troisième note d'une harmonie.

Alexandre (synchronisé avec le son) :

— Un, deux... un, deux, trois... c'est comme s'il me demandait de lui répondre. Par le mouvement.

Alors, sans y penser, il bouge la main en rythme. Lydia l'imite. Peu à peu, leurs corps suivent. Pas comme une danse démonstrative, mais comme une interaction avec l'environnement. Leurs paumes répondent au gazouillis, leurs pas deviennent partie de la morphologie du paysage.

Lydia :

— C'est comme si nous activions un instinct ancien, oublié... mais plus raffiné.

Soudain, un petit animal sauvage — semblable à un chevreuil — sort des plantes basses. Il ne prend pas peur. Il se tient là et les regarde. Puis incline la tête comme pour "reconnaître". Il s'approche, et une goutte d'eau tombe de son museau. Une goutte qui rayonne d'une lumière inédite et qui ne tombe pas au sol. Un fil doré transparent la retient tandis qu'elle danse encore au rythme de Terpsichore.

Alexandre (ému) :

— Ce n'est pas seulement du rythme. C'est aussi de la communication. Avec des formes.

Lydia :

— C'est la manière dont nous comprendrons comment coexister avec tout ce qui vit. Et cela change tout.

Aucun stimulus sonore ne perturbe désormais l'harmonie du silence. Le corps est devenu l'instrument de l'esprit, et la nature a accepté ses visiteurs. Ils ne sont plus de simples passants. Ils sont participants.

Le crépuscule s'est installé. La température baisse, mais sans menace. Les couleurs du sol et de l'horizon changent lentement, comme des couleurs d'eau sur une toile humide. Alexandre et Lydia s'assoient en tailleur sur une étendue rocheuse, devant eux coule un ruisseau faible qui n'existait pas auparavant. Ils se regardent, mais ne parlent pas encore.

Alexandre (chuchotant) :

— Je ne suis pas sûr que ce que nous vivons soit une révélation ou un souvenir.

Lydia :

— Peut-être est-ce la même chose...

(Un bêlement lourd et profond se fait entendre au loin. Probablement d'un animal résistant à la sécheresse, qui voyage lui aussi vers l'Oasis. Comme s'il répondait à leur vibration intérieure.)

Lydia :

— Écoute-le... Ce n'est pas de la peur. C'est du partage. Comme s'il disait "je suis là aussi, je vois ce que vous voyez".

Ils s'allongent sur le dos. Le ciel au-dessus d'eux scintille en nuances de bleu, comme des respirations. Un petit nuage passe et laisse tomber une pluie fine, si légère qu'elle est à peine perceptible sur la peau. C'est l'eau qui parle à nouveau sans mots.

Alexandre :

— Si tu danses suffisamment, tu apprends à voir sans regarder...

Lydia (rit doucement)

— Et à penser sans alourdir l'esprit.

Devant eux, une petite plante — ressemblant à une violette sauvage — déploie ses feuilles et projette un nuage de pollen. Un courant d'air l'emporte et le fait tourbillonner comme un voile autour de leurs visages.

Alexandre :

— Comme si elle nous saluait...

Progressivement, le ruisseau devant eux commence à luire faiblement. Ce n'est pas une lumière réelle, mais quelque chose comme un reflet venant de l'intérieur. La dernière sensation de Terpsichore, le pouls de la matière.

Le ciel n'est plus une couleur mais une texture. Une facette de l'infini, comme du velours palpable. Et alors... un essaim de points lumineux, petits comme des graines de lucioles, commence à entourer l'ouverture du ruisseau.

Lydia (chuchotant) :

— Ce ne sont pas des insectes... on dirait des cellules. Elles dansent. Alexandre... elles dansent comme la pensée quand elle est sans poids. Comme un vœu qui n'aurait pas besoin de mots.

Au loin, un autre couple apparaît. Presque immatériel. Il ne s'approche pas, il reste sur une colline et observe. Peut-être pour qu'ils sentent qu'ils ne sont pas seuls.

Alexandre les salue d'un geste lent, presque liturgique. Ils ne répondent pas. Mais leur lumière vacille avec bienveillance. Leur visage reflète une clarté sans source. Pourtant, elle a un sens. Comme si la forme d'une danse ancienne, plus ancienne que le langage, s'écrivait sur eux.

Lydia (sans son, seulement avec les lèvres) :

— Nous sommes prêts. Et l'eau... elle respire simplement. Paisible, assurée. Comme si elle disait : «Vous vous souvenez. Et cela suffit.»

Alors que Terpsichore se retire doucement dans l'ondulation de la nuit, un vent redoutable traverse l'oasis, apportant dans sa course des tourbillons de feuilles dorées. Toutes les créatures cessent de bouger. Même le vent se fige.

Depuis le centre du ciel descend une spirale de lumière. Toutes les créatures et toutes les plantes se dispersent, laissant un espace circulaire vide. En son centre, une énergie vacille comme surgie du néant. Elle n'est pas compréhensible, mais elle dégage une chaleur douce, qui dissipe toute peur, toute interrogation. Un sentiment de plénitude et de ravissement.

Clio prend forme. Une jeune femme vêtue d'un himation tissé de parchemins et de plumes d'oie. Ses yeux reflètent chaque époque et chaque peuple ayant foulé la Terre.

Les animaux prennent position.

Les aigles se posent au sommet des arbres.

Les cerfs s'agenouillent, comme en prière.

Et une multitude de minuscules reptiles et insectes dessinent avec leurs corps une figure symbolique sur la terre.

Clio

Sur fond de ciel, là où le jour et la nuit semblent lutter pour dominer, Clio se tient devant eux. Son manteau coule comme des rouleaux de papyrus. Sa voix ne s'entend pas avec les oreilles elle résonne dans la poitrine, comme des souvenirs jamais vécus. Pourtant, on les ressent avec nostalgie.

Des instants de calme et de réflexion s'intercalent.

Clio :

— Avant de changer le demain, vous devez vous souvenir de ce qui s'est réellement passé hier. La mémoire de l'humanité est un palimpseste réécrit, gratté, falsifié... et pourtant, rien n'est perdu. Tout est ici, en moi. Que vous souvenez-vous ?

Alexandre (faisant des pas sur place, mal à l'aise. Après une profonde inspiration, les yeux baissés, il décide de parler en premier.

— Quelques images éparses... des jalons historiques, des batailles, des révolutions, des découvertes. Je ne sais pas si cela suffit et je ne...

Lydia (interrompant brusquement Alexandre) :

— Et si ce dont nous nous souvenons est ce qu'on nous a permis de retenir ? Qui nous a raconté l'histoire ? Toi, Clio ? Ou ceux qui l'ont écrite en ton nom ?

Clio :

— L'Histoire n'est pas ce qui s'est passé, mais la manière dont on l'a racontée. C'est pourquoi il est nécessaire maintenant de rappeler son cours caché. Non pas celui des livres, mais celui des eaux, des pierres, des graines. Votre vie n'a pas commencé avec la guerre de Troie... mais avec le premier mot prononcé près d'un feu. Et avant cela, dans le silence de la glace.

Alexandre :

— Tu parles d'une histoire qui est... vivante ? Qui continue à s'écrire ?

Clio

— Non seulement à s'écrire. Elle vous observe. Elle vous juge. Chaque acte est un mot. Chaque absence, un vide entre les lignes. Le futur lira ce que vous lui laisserez. Êtes-vous prêts à écrire la première page de la renaissance ?

Lydia :

— Seulement si nous apprenons à lire le passé comme tu le vois. Ni avec honte, ni avec idéalisation. Avec un regard clair. Peux-tu nous l'enseigner ?

Clio sourit. De ses mains s'élèvent deux parchemins lumineux qui se déroulent devant eux. Sur ceux-ci, il n'y a pas d'écriture, mais seulement des scènes : des fêtes de peuples anciens, des destructions de bibliothèques. Des enfants sous des ruines bombardées, des flammes et des mains ouvertes tournées vers le ciel.

Clio :

— Voici votre chaîne. Brisez-la, si vous le souhaitez. Ou reliez-la à quelque chose de supérieur. Quelle est votre vertu ? Que laissez-vous derrière vous comme graine pour ceux qui viendront quand vous serez silence ?

Les héros regardent les images. Les créatures de l'oasis frémissent doucement au rythme de l'histoire qui se déploie. Des instants de mémoire personnelle, collective et universelle se mêlent en un battement angoissé.

Clio, comme si elle attendait cette remarque, marche parmi eux sans les toucher et pourtant tous ressentent son passage sur leur peau, comme une fraîcheur porteuse de mémoire, comme un murmure de mots anciens qui jadis ont déterminé le destin des nations et des créatures.

Alexandre :

— Oui. L'Histoire est celle qui rend les défaites purificatrices et les victoires terrifiantes. Car ce n'est pas le résultat qui compte, mais les valeurs portées par chaque vainqueur. Ce qu'il a honoré, ce qu'il a trahi. Le sang sur l'épée ou le repentir qui a suivi...

Lydia :

— Alors... les victoires sont écrites à l'encre, mais jugées avec éthique. Et l'encre sèche, mais l'éthique reste ou disparaît à jamais. Si un empire a été érigé dans l'injustice, même s'il a duré des siècles, est-ce une réussite ?

Clio

— Pas pour moi. La durée ne sanctifie pas l'injustice. L'Histoire n'est pas la survie du plus fort. C'est la trace morale du survivant. L'empreinte de son âme.

Alexandre :

— Et qui enregistre cette trace, Clio ? Toi ? L'eau ? La Mémoire ?

Clio

— Tous et personne. L'eau la porte, la Mémoire la capture et moi je la grave. Mais le jugement appartient à celui qui lira. L'homme du futur. Celui-là, vous ne pouvez le tromper. Il verra au-delà de vos mots.

Lydia :

— Mais si le présent est rempli de falsifications, de dissimulations et de silence, comment le lecteur atteindra-t-il jamais le véritable passé ?

Clio

— À travers le processus douloureux de la vérité. Pas du récit. Celui qui cherche la vérité doit d'abord brûler son ego. Car l'Histoire ne dit pas "nous avions raison". L'Histoire dit : "nous étions capables du meilleur et du pire".

Lydia :

— Donc... l'Histoire est un miroir qui ne flatte pas ?

Clio

— Non. C'est le miroir qui exige que tu voies aussi les cicatrices derrière les yeux. C'est la mer qui ne reflète pas, si tu ne la troubles pas. Ceux qui ne plongent pas dans la blessure ne méritent ni la vérité ni le lendemain.

Les créatures se taisent. Le vent s'arrête. Et un grand oiseau, lent et âgé, vole au-dessus de l'oasis, comme un fantôme d'époques que personne ne se rappelle. Clio lève la main vers lui.

Clio

— Voilà l'Historien. Celui qui erre entre les morts et les vivants, et tente de repérer où exactement l'espoir est mort.

Clio (avec une voix qui semble provenir de milliers de livres parlant en même temps)

— L'Histoire n'est pas le passé. C'est la chaîne qui

n'a jamais été brisée. Je suis venue vous la dérouler, maillon par maillon, comme me l'ont confiée les mémoires du temps.

Alexandre (cloué sur place) :

— Et comment peut-on tirer des leçons morales de tant de sang ? De Troie, par exemple ? Un massacre de dix ans pour une femme ?

Clio (sourit avec un regard lointain)

— Pas pour une femme. Pour les passages commerciaux de l'Hellespont. La belle Hélène était le prétexte. La leçon. L'esthétique a été utilisée comme camouflage pour l'avidité politique. Les Troyens exploitaient leur position, imposant des taxes élevées sur tout ce qui passait par les détroits de l'Hellespont et les Achéens ne le supportaient plus. La mémoire de Troie est la première leçon retentissante : ne crois jamais le motif déclaré d'une guerre. Cherche le motif invisible.

D'autres personnages, qui se tenaient à une certaine distance jusqu'à présent, s'approchent d'Alexandre et de Lydia, comme s'ils avaient décidé de s'unir à eux. La première, la magnifique Calliphoné, montre immédiatement son intention de prendre la parole. Elle s'approche lentement, tenant une carte en argile dans ses mains, la montrant à tous.

Calliphoné :

— Mais comment cette leçon a-t-elle été transmise par la suite ? N'est-ce pas seulement la gloire et les vers qui sont restés ?

Clio

— L'art a servi la splendeur, pas la vérité. L'Iliade n'a pas été crée pour prévenir les guerres, mais pour les idéaliser. Pourtant, même cela est une leçon.

Leucippide (jeune homme au regard scrutateur)

— Et l'invention de la monnaie ? Elle a ouvert les voies des échanges. Mais elle a aussi apporté la tentation de l'avidité.

Clio (s'approche et laisse tomber une drachme d'or sur le sol)

— Exactement. La monnaie était le miroir de la confiance. Mais lorsque l'accord moral derrière sa valeur a disparu, elle est devenue un moyen de domination. L'histoire du pouvoir monétaire n'est pas comptable. C'est l'histoire de l'âme.

Lydia

— Et les Perses ? L'attaque contre le monde grec ? Était-ce simplement une logique impériale ?

Clio

— Vois-le comme une opportunité d'unité tant désirée. Le besoin d'une identité intérieure. Mais la leçon des guerres médiques n'est pas la victoire des Grecs contre les envahisseurs. C'est comment la peur a alimenté la création de la culture, mais aussi comment elle a engendré la graine de sa diffusion.

Alexandre :

— Mais ensuite est venue la guerre civile. La guerre du Péloponnèse. Et nous nous sommes détruits de l'intérieur.

Clio (baisse momentanément les yeux)

— La grandeur des cités ne sauve pas si la vertu est perdue. Périclès a donné une voix au Dèmos, mais le Dèmos est devenu une foule lorsque l'éducation a disparu. La leçon ? La démocratie ne s'auto-entretient pas. Elle nécessite de l'éthique, pas des chiffres.

Caliphoné :

— Et ensuite... Alexandre le Grand ?

Clio (soulevant son voile, d'où émergent des images de cités, de temples et de sommets, de l'Inde à l'Égypte)

— L'idée d'unification. Le triomphe de l'esprit sur la terre. Mais aussi la fatigue née de l'expansion. Il a semé la graine de la pensée cosmopolite, mais nul ne l'a cultivée. La leçon : l'expansion sans racines ne devient pas Arbre. Elle devient vent.

Alexandre (silencieux, les larmes aux yeux) :

— Et à la fin... la conquête de l'intérieur.

Le christianisme. Une foi intérieure, qui a dissous tout ce qui avait été bâti comme national ou libre.

Clio :

— Le christianisme est venu comme un baume sur la douleur, mais il a apporté avec lui le reniement de la sagesse antérieure. Non pas comme un ennemi, mais comme un oubli. Ce n'était pas la Foi le problème, mais le besoin de domination à travers la Foi. La leçon ? L'amour qui renie la mémoire, devient pouvoir.

(Silence.)

Clio (à voix basse) :

— L'Histoire n'enseigne qu'à ceux qui veulent comprendre, non à ceux qui veulent être justifiés. Vous êtes de ceux-là. C'est pourquoi je vous la confie.

Clio (sa voix prend maintenant un timbre souterrain, comme si elle venait du cœur de la terre) :

— L'Histoire ne suffit pas à être vécue. Ni même à être consignée. Il lui faut quelqu'un pour lui donner une forme d'âme, pour la déclamer aux enfants qui viendront, non pas comme menace, mais comme étincelle.

Quelqu'un qui tienne d'une main la douleur des peuples, et de l'autre les ailes des visions. La voix qui triomphe du temps. Ce n'est pas celle du chroniqueur. C'est celle qui chante le tragique et le glorieux dans un même souffle. C'est celle qui s'approche maintenant.

La terre vibre. Les tesselles autour des héros ondulent comme une surface d'eau. Les oiseaux qui avaient émergé du voile de Clio se transforment en voix, murmurant des mots issus de toutes les époques. Au loin, on entend le son d'une flûte et de percussions un motif rythmique évoquant à la fois une marche militaire et le battement d'un cœur.

Clio (inclinant la tête) :

— Accueillez celle qui porte l'Idée de l'Éternel dans la Parole de l'Éphémère. La Première.

Calliope

Un tourbillon de nuages, formant des lettres et des rhapsodies divines tournoie dans les airs.

Au centre, apparaît Calliope. Drapée d'un manteau portant les sceaux de toutes les époques.

Dans sa main droite, une plume faite de lumière et de flamme.

Les créatures de l'Oasis s'inclinent lentement, en une synchronie parfaite.

Par sa présence imposante, sa voix sereine mais emblématique, elle se tient au centre d'un amphithéâtre naturel, formé par les éléments eux-mêmes :

les arbres se penchent vers elle, les pierres scintillent, et une lumière sans source émane des mots qui commencent maintenant à naître.

Calliope (à tous) :

— L'Histoire — telle que Clio vous l'a transmise — est la colonne vertébrale de l'expérience humaine. Mais sans le Logos, sans l'empreinte spirituelle qui la rend mémoire collective et porteuse de sens, elle n'est que passé. Et votre monde s'est noyé jadis, dans des passés qui ne sont jamais devenus avenir.

Alexandre (hésitant, se tournant vers Lydia) :

— Tu parles comme si tu connaissais les fautes avant qu'elles ne soient commises.

Calliope (avec un ton dénué de clémence)

— Seulement de vérité. Les fautes n'ont pas besoin de prophétie. Elles ont besoin d'être consignées avec vérité, transmises avec éthique et chantées avec responsabilité. Car tout peuple qui oublie ses chants, est condamné à les revivre comme des lamentations.

Lydia (regardant le ciel qui commence à se remplir de visions épiques) :

— Mais comment cela se fera-t-il désormais ? Comment cette nouvelle époque sera-t-elle consignée ? Et par qui ?

Calliope (pointant sa plume vers les montagnes qui les entourent) :

— Tout ce que vous vivrez à partir de maintenant est le début d'une nouvelle Épopée. Non plus pour des héros qui triomphent, mais pour des êtres humains qui comprennent. Pour qu'une civilisation naisse, il ne suffit ni du sang, ni du triomphe. Il faut un Logos enraciné et vivant. Un Logos qui n'asservit pas, mais qui éclaire.

Alexandre (visiblement inquiet) :

— Et si nous ne parvenons pas à l'écrire ? Si nous n'en avons pas la force ?

Calliope (s'approchant, posant doucement la main sur son épaule) :

— Le premier qui se posa cette question... écrivit une rhapsodie. Le deuxième... la raconta à des enfants. Le troisième... la murmura à l'eau, et l'eau s'en souvint.

(Soudain, les oiseaux qui volaient silencieusement autour de Clio se mettent à chanter en rythme, comme un chœur de tragédie antique.

Deux autres personnes — Euphórios et Teléstis — descendants de l'hellénisme de la Magna Grecia, s'avancent.

Euphórios :

— Si ton Logos écrit les nouvelles Épopées, les anciennes guerres cesseront-elles de se reproduire ?

Calliope :

— Non. Mais elles cesseront d'être inévitables. Et tout jeune qui les découvrira d'abord à travers la profondeur de la poésie, hésitera à les répéter par ignorance.

Teléstis :

— Mais le langage poétique peut-il résister à la violence de l'information ?

Calliope (d'une voix plus basse, qui pourtant envahit toute la scène) :

— L'information remplit les yeux. Le Logos remplit le sens. Et le sens... est le seul mécanisme qui sauve une civilisation. Le Logos n'est pas un outil. C'est une semence. Au bon moment, il donne un fruit d'immortalité ou de ruine. Vous, enfants de la quête, avec quel cœur le prononcerez-vous ?

Alexandre (retenant son souffle) :

— Si le Logos engendre la civilisation, pourquoi l'avons-nous vu se corrompre si facilement ? Pourquoi la poésie ne l'a-t-elle pas protégée ?

Calliope

— Parce qu'il ne suffit pas de parler. Il faut se souvenir. Et la poésie est la mémoire des mots dits quand le monde était encore pur.

Théano (d'une voix grave) :

— Mais nous vivons dans le vacarme, dans des tours de mots sans fondations. Comment distinguer le Logos authentique ?

Calliope :

— Le Logos authentique est celui qui ne sert pas le besoin, mais la vérité. Qui ne se hâte pas de convaincre, mais attend de se révéler.

Lydia (avec une innocence sincère) :

— Et comment saurons-nous si notre voix est digne d'atteindre la hauteur de la poésie ?

Calliope (souriant) :

— Quand tu souffriras du mensonge que tu as caché dans ton silence, alors viendra le premier mot vrai. Un seul mot. Mais il ouvrira le chemin aux autres.

Nicomachos (avec un regard qui rappelle les anciens orateurs) :

— Calliope, notre monde a perdu foi dans le sens. Nous n'écrivons plus pour sauver, mais pour oublier. Y a-t-il une rédemption dans ce nouveau monde ?

Calliope :

— La rédemption n'est pas un réconfort. C'est une responsabilité. Celui qui détient l'art du Logos détient l'avenir entre ses mains. La semence du sens ne meurt pas, elle attend d'être replantée sur un sol pur.

Lydia :

— Et quel est ce sol ?

Calliope :

— Le silence intérieur. L'humilité. Le retournement vers l'éternel dans l'éphémère. C'est là que germe le Logos véritable.

(Lentement, la scène se fait silence. Instant de recueillement et d'introspection.) Calliope, Muse du discours héroïque et de la haute poésie, continue à parler avec majesté et clarté. Autour d'elle, l'atmosphère s'épaissit, comme chargée par la puissance des mots, qui ne sont plus seulement des sons, mais des chemins dans le sens.

(doucement, avec la grâce d'une reine)

— Le Logos, mes enfants, n'est pas un don simplement pour nous émouvoir. C'est une arme, un port, un couteau et une guérison à la fois. Quel Logos a vaincu la mort ? Quel Logos a fondé les nations ? Quel Logos a allégé le poids de la perte ?

Alexandre (timidement, mais avec un désir ardent de comprendre) :

— Tu dis... que le Logos précède le monde ?

Calliope :

— Le Logos ne précède pas le monde. Il est l'empreinte que le monde laisse en essayant de se comprendre lui-même.

Lydia :

— Et la poésie ? Est-ce alors la même chose ? Une forme de compréhension ?

Calliope :

— La poésie est la seule compréhension qui ne demande pas d'explication. Ce qui ne peut être dit en termes s'exprime en images et en mesures. C'est le rythme qui unit les mots au souffle. Et le souffle, c'est la vie.

— Nicanthré (d'une voix tremblante d'émerveillement)

— Calliope, si les poètes sont les serviteurs du Logos, alors qui seront les poètes du temps à venir ?

Calliope (sourit légèrement)

— Ceux qui ne chercheront pas à être entendus. Ceux qui forgeront des mots, non à partir de leurs propres voix, mais à partir des silences des autres.

Dorion

— Mais alors... comment parlerons-nous aux hommes lorsque nous reviendrons ? Comment convaincre sans arguments ?

Calliope

— Vous ne reviendrez pas pour convaincre. Vous reviendrez pour témoigner. Le Logos n'est pas persuasion. Il est révélation.

Alexandre

— Et s'ils nous contestent ?

Calliope

— Vous ne parlez pas pour qu'on vous croie. Vous parlez parce que, si vous ne le faites pas, le monde tombera malade en vous.

(Silence. Le vent s'interrompt un instant. Les plantes autour s'inclinent doucement, comme pour saluer. Depuis un point de l'horizon lumineux, une autre musique commence à s'élever)

Calliope (se tournant vers l'horizon, avec majesté)

— Voici venir celle qui tient entre ses mains l'union de tous les arts. La sœur qui parle par le corps, le mouvement et l'extase. L'âme de l'harmonie.

Érato

Le ciel se teinte de rose, d'une lueur qui semble surgir du sol lui-même. L'herbe devient plus douce, comme du velours. Des feuillages des arbres descendent des lignes lumineuses, comme des voiles translucides ondulant sans vent.

Les créatures de l'Oasis se rassemblent en silence en cercle. Certains reptiles se lovent en spirales autour des troncs, des oiseaux laissent tomber des gouttelettes de plumes irisées et un couple de gazelles aux yeux éveillés, se tiennent face à face, tels des miroirs.

La musique change. Elle devient plus douce maintenant, comme un murmure entre deux corps qui viennent de se rencontrer.

Une fleur d'eau qui n'existait pas auparavant, émerge lentement d'un bassin, et du cœur de cette fleur s'élève une forme de lumière pure.

Érato. Elle ne marche pas. Elle se déplace comme entraînée par le seul regard de ceux qui la contemplent. Presque nue, couverte seulement de voiles de vapeur, comme un souffle dans le froid. Cheveux d'ambre, yeux sombres, profonds comme un premier souvenir.

Les créatures s'inclinent. Les plantes forment des arches naturelles de fleurs et de fruits.

Érato (d'une voix si douce qu'on croit l'entendre de l'intérieur)

— Avant la loi, il y eut l'attirance. Avant le premier poème, il y eut le désir. Avant que l'Histoire ne soit écrite, quelqu'un a souhaité toucher l'autre.

(regardant Lydia et Alexandre)

— Votre lien fait partie de la Mémoire qui vient. Non du passé. Ce qui a aimé, a prophétisé.

Alexandre (presque en chuchotant)

— L'amour peut-il être connaissance ?

Érato

— L'amour ne connaît pas. L'amour reconnaît. Il voit ce qui existait avant d'être séparé en corps.

Lydia

— Et si ce qu'il reconnaît, ne peut lui appartenir ?

Érato

— Alors, il existe pour que tu t'en souviennes. Ce qui ne t'appartient pas, te garde innocent. Et ce qui te blesse, t'enseigne.

(Elle se tourne vers les nouveaux compagnons, Nicanthré et Dorion)

— Je n'apporte pas seulement l'amour de l'un pour l'autre. J'apporte l'Empathie. La capacité de désirer le bien de l'autre même si cela ne t'inclut pas.

Et j'apporte quelque chose de plus profond. Le besoin d'une beauté qui guérit et non d'une beauté que l'on possède.

La scène se remplit d'une douce mélodie. Une larme coule de l'œil de Lydia sans qu'elle s'en rende compte. Alexandre touche la terre. Il sent qu'il tient quelque chose de vrai pour la première fois.

Alexandre (après un silence)

— Toi qu'on nomme Muse de l'amour, quel type d'amour portes-tu ? Celui qui nous unit ou celui qui nous consume ?

Érato (se tenant face à lui, avec un regard doux et ancestral)

— Les deux. Tel est Éros, tel qu'Hésiode l'a chanté. Le troisième né, après le Chaos et Gaïa. Il n'a pas de parents, car il n'en a pas besoin. Il est commencement et destination. Il est celui qui délie les membres et unit les âmes.

Nicanthré (avec une sagesse hésitante)

— Alors... Éros a précédé les dieux ?

Érato

— Oui. Avant Zeus, il y avait Éros. Avant le Noûs, il y avait le Désir. Hésiode le savait :

« en dè meta toútois Érôs kállistos égéneto athanátôn theôn »

Dorion

— Alors Éros n'est pas simplement un sentiment. C'est... une force de création ?

Érato

— C'est la première cause motrice. Le Temps s'écoule à cause de l'Amour. La Matière se sépare et se rassemble, les planètes tournent autour des étoiles, et les êtres se rencontrent avec un dessein, parce que l'Éros les appelle.

Lydia (la voix tremblante)

— Mais pourquoi cela fait-il si mal, quand il n'est pas partagé ?

Érato

— Parce que l'Éros n'est pas seulement une familiarité. C'est aussi un désir de l'inaccessible. Il touche ce que tu es et te rappelle ce que tu pourrais être. La douleur n'est pas un rejet. C'est un témoignage que tu as vécu.

Alexandre

— Et comment un monde peut-il renaître à partir de l'Amour, alors que le monde que nous connaissions s'est fondé sur la Peur et la Possession ?

Érato (d'un ton ferme, presque sévère)

— C'est précisément pour cela que je reviens maintenant. L'ancien monde a utilisé l'amour comme un produit. Moi, je viens l'apporter comme un dogme. Comme une condition fondamentale de l'existence. Non pas pour posséder. Mais pour reconnaître. Pour compatir. Pour se donner.

Nicandre

-— Alors… peut-être que le nouveau monde ne devrait pas commencer par des lois, mais par des poèmes ?

Érato

— Exactement. Par des poèmes… qui sauvent. Qui ne glorifient pas le pouvoir, mais racontent l'indicible.

La forme d'Érato se tient devant chacun comme un miroir, révélant ce qu'il désire et ce qu'il craint d'aimer.

Érato

— Votre monde a rappelé l'Amour comme une faiblesse. Il l'a banni des sciences, diabolisé dans la morale, enfermé dans les chansons de séparation. Et pourtant, il est la colle de la vie.

Dôrion

— Mais n'a-t-il pas aussi causé des malheurs ? Pâris et Hélène... toute Troie n'a-t-elle pas brûlé à cause de lui ?

Érato

— Non à cause de l'Amour. Mais à cause de la possession de l'Amour. L'amour ne détruit pas ; c'est l'exigence de le posséder qui détruit. Et l'Histoire regorge de tragédies parce que vous n'avez jamais su aimer sans condition.

Lydia

— Et si on l'aime ainsi ? Sans attendre, sans demander ? N'en souffrira-t-on pas encore plus ?

Érato

— Tu souffriras, oui. Mais tu souffriras véritablement. Et c'est le seul antidote à l'anesthésie de votre époque.

Alors, du haut des branches, descendent deux oiseaux blancs, décrivant des cercles lents. Ce sont des oiseaux mythologiques de l'Éros, blancs comme des nuages, avec des yeux qui brillent en rouge. Ils se posent sur deux blocs de pierre, semblables à des cœurs à moitié fendus. La scène impose l'immobilité à tous.

Érato

— Ce sont les êtres qui vivent lorsque l'Amour est pur. Des couples qui volent sans s'enfermer l'un l’autre. L’amour n’est pas une ancre. C’est une navigation.

Érato se retire lentement dans la brume, et la scène commence à se transformer... L’obscurité tombe doucement.

Érato (de côté, en murmurant :)

— Un peuple qui ne sait pas aimer ne peut écrire une histoire qui vaille la peine d’être conservée. Et un monde sans amour cessera tôt ou tard d’être écrit.

Érato (s'avance au centre de la scène. Tout est silencieux. Les oiseaux perchés sur les pierres inclinent la tête, comme en prière)

— Je ne suis pas venue vous enseigner l'Amour. Je suis venue vous le rappeler».

(Elle ouvre les bras. La lumière change. Derrière elle, un tourbillon de couleurs s'élève, comme si la scène passait à travers un coquillage changeant de spectres.)

Érato

— L'amour a besoin de vérité. Et la vérité, enfants de l'Esprit et de l'Histoire, est que vous êtes faits pour aimer, non pour posséder. Lorsque vous comprendrez cela, vous vous souviendrez aussi de votre Dieu.

(Elle baisse le regard, et une vague d'eau de rose recouvre ses pas alors qu'elle se retire en arrière-plan. La lumière s'éteint doucement derrière elle, comme une aube qui s'éloigne.)

La scène est maintenant silencieuse. Seul le son d'une brise légère se fait entendre. Alexandre, Lydie, Dôrion et la Pythie restent silencieux, jusqu'à ce que Lydie parle en premier :

Lydie

— Je ne savais pas combien je savais peu. Et combien il faut peu savoir pour vivre véritablement.

Dôrion

— Mais quelle est la mesure ? Clio nous a montré que les peuples écrivent l'histoire sur des erreurs. Polymnie nous a parlé de génétique morale. Uranie du Droit du Monde. Et maintenant Érato... Si l'Amour n'a pas de mesure, comment ne pas se perdre à nouveau ?

Pythie

— Peut-être ne devons-nous pas le mesurer. Mais le peser avec nous-mêmes. Et nous souvenir, comme l'a dit la Muse: ce qui n'est pas offert devient une menace.

Alexandre

— Ce que je ressens n'est ni une solution, ni une connaissance. C'est un besoin. De reconstruire notre espèce depuis le début. Mais pas seulement avec la logique. Ni seulement avec la morale. Nous avons besoin de ce qui nous manque le plus. La capacité d'accepter l'Inconnu sans le combattre.

Lydie

— Peut-être est-ce là le sens de toutes les Muses. Nous rendre à nouveau humains.

Pause. Un souffle d'air agite doucement leurs cheveux. Au loin, très discrètement, comme si la terre elle-même s'éveillait, se fait entendre la première note profonde d'une flûte invisible. Un silence surnaturel succède à l'écho d'Érato. Le paysage, auparavant baigné de lumière et de pétales de rose, commence maintenant à bouger. La terre grince doucement, comme si elle s'éveillait. De ses entrailles émergent des bulles de lumière, comme des tambours silencieux qui vibrent. Le ciel s'abaisse, les nuages commencent à tourner avec une lente symétrie, formant des spirales. Les créatures de l'Oasis, animaux et plantes, se meuvent comme si elles obéissaient à une partition invisible.

- Les cygnes commencent à tourner en cercles,
- Les oiseaux marins volent en formations de lignes harmonieuses,

- Les fleurs et les arbres bougent leurs feuilles rythmiquement, comme une respiration.

Soudain, un immense tronc d'arbre au centre de la scène se fend verticalement et lentement, comme si son cœur s'ouvrait. De l'intérieur émerge une longue flûte cristalline, qui se tient verticalement et commence à résonner seule, comme si la Nature elle-même soufflait dessus. Les couleurs vibrent avec la musique, et les ondes sonores deviennent des courants de lumière.

EUTERPE

Depuis le cœur de la lumière, éructe Euterpe. Son corps est sculpté de vagues sonores translucides et sa couleur change constamment comme un arc-en-ciel dansant sur l'eau. Sur son visage, la paix du silence et l'intensité d'une symphonie. Ses cheveux coulent comme un fleuve sur des touches de piano. Elle avance sans toucher le sol. Chaque pas laisse des sons, comme des notes tremblant d'émotion.

Euterpe (avec une voix qui semble être un chant)

— Je ne suis pas venue pour vous parler. Je suis venue vous apprendre à entendre l'Univers quand il aime sa propre Existence.

Tout s'arrête. Une note longue, comme le premier battement de la Création, se répand dans l'univers. Euterpe ouvre les bras, et les créatures se rassemblent. Une danse antique s'apprête à commencer. Les héros restent figés, émerveillés. Euterpe s'élève légèrement du sol, comme une lune émergeant de l'eau. Les créatures forment un cercle. Les héros s'approchent. Alexandre fait le premier pas, avec un respect sacré, comme un enfant qui entend la musique pour la première fois.

Alexandre (à voix basse, presque en chuchotant)

— Comment... comment tout peut-il être musique ? N'est-ce pas excessif de dire que tout en découle ?

Euterpe (avec un ton doucement impératif)

— La musique n'est pas un ornement du monde. C'est sa structure. Tout ce qui bouge, bouge avec rythme. Tout ce qui existe, existe avec une fréquence. Si la musique se perd, la forme de la matière se dissout.

Lydia

— Mais... la musique ne suffit pas à exister. Elle a besoin d'oreilles pour l'écouter, de cœurs pour la ressentir... Sinon, quel sens a-t-elle ?

Euterpe

— Exactement. La musique est l'éthique de l'âme. Celui qui est en harmonie avec lui-même peut l'être aussi avec l'autre. La dissonance engendre la douleur. L'harmonie engendre la civilisation.

Nicératos (le nouveau compagnon venu de la Grande-Grèce)

— Alors, chaque guerre est une déchéance d'harmonie ?

Euterpe

— C'est la musique qui a cessé de résonner en l'homme. La violence commence quand l'homme oublie d'écouter.

(Pause. Les héros réfléchissent.)

Lydia

— Et quelle sera la place de la musique dans cette nouvelle élévation qui nous attend ?

Euterpe

— Elle sera le régulateur des cellules, le maître de l'empathie, la base de toute communication. Les nouveaux corps parleront en musique. Les eaux liront en musique. La pensée aura un ton. La décision, une harmonie. Les cités seront construites sur des mélodies.

Pythéas (calme, d'une voix grave)

— Et quand vient le silence ? Que faisons-nous alors ?

Euterpe

— Dans le silence… naît la prochaine symphonie. Ne le craignez pas. Le silence est l'intervalle entre les respirations du monde.

(Euterpe les regarde avec une tendresse profonde.)

— Avant de partir, je vous laisse un Don. Pas une note, mais la mesure pour composer la vôtre.

(Elle lève les mains et de son corps émane une pulsation, une harmonie que chacun perçoit différemment. Les héros entendent leur propre mélodie intérieure.)

Euterpe se retire en tournoyant, dansant avec les créatures. La lumière prend sa forme et retourne à la racine du grand arbre, comme si elle rentrait dans le souffle du monde.

La scène change d'aspect. Cette fois, elle s'alourdit. La couleur de la terre s'assombrit, les ombres s'allongent, et la lumière du ciel prend un ton dramatique, presque plombé. Un silence profond s'installe. Les créatures de l'Oasis cessent tout mouvement. Même l'eau, qui jusque-là s'écoulait en harmonie mélodique, semble maintenant retenir son souffle.

Et alors...

Melpomène

D'une fissure dans le rocher, dressé comme une scène antique, émerge une silhouette drapée d'une tunique pourpre profonde. Son visage est grave, immobile, mais non obscur. Elle porte la sérénité de celles qui ont contemplé les abîmes les plus secrets de la nature humaine. Elle porte un masque tragique. La vérité ne se supporte pas toujours à nu. Elle avance lentement, avec le poids des siècles sur ses épaules. Quand elle parle, sa voix n'est pas forte, mais chaque mot pénètre comme un scalpel.

Melpomène :

— Vous avez vu la naissance, l'harmonie, l'attraction. Vous avez vu l'Histoire et le Verbe. Mais si vous ne traversez pas la tragédie, vous n'atteindrez jamais le véritable. La tragédie n'est pas un malheur. C'est une prise de conscience. C'est le moment où l'homme voit ses actes comme partie intégrante du Tout.

Lydia l'approche avec hésitation.

— Mais pourquoi faut-il souffrir pour apprendre ? Pourquoi chaque ascension a-t-elle un prix ?

Melpomène :

— Parce que seule la perte donne de la valeur à la présence. Parce que seul celui qui connaît la chute peut se tenir vraiment debout. La tragédie n'est pas une malédiction. C'est un purgatoire. Là où meurt l'hybris, renaît la vertu.

Alors, deux créatures apparaissent sur la scène. Un cheval blanc et une chouette aux teintes sombres. Elles s'assoient paisiblement à côté de Melpomène. Le cheval incarne l'innocence menacée, et la chouette, la sagesse née de la douleur.

Alexandre :

— Et pourtant, Melpomène... pourquoi la connaissance sans larmes ne suffit-elle pas ?

Melpomène (le regarde profondément) :

— Parce que la connaissance sans émotion est mécanique. Et l'homme n'est pas une machine. Il est matière qui se souvient, mais aussi âme qui souffre. Le tragique n'est pas un accident. C'est la mémoire de notre place dans l'univers.

Et tandis qu'elle parle, derrière elle surgissent des figures de tragédies anciennes : Œdipe, Antigone, Prométhée enchaîné. Mais ce ne sont pas des fantômes. Ce sont des miroirs. Nos héros y découvrent leurs propres possibles, leurs propres craintes. Melpomène se tient au centre de la scène avec une majesté imposante. L'atmosphère se transforme. Une lumière lourde, des sons de flûtes antiques et des pulsations souterraines suggèrent le poids du destin humain. Les visages se taisent, comme s'ils pressentaient que des paroles inoubliables allaient être prononcées.

Melpomène (d'une voix lente et limpide, comme si elle portait tout le fardeau des siècles) :

— Ce qui ne devient pas Mémoire, devient Répétition. Ce qui ne devient pas Compréhension, revient comme Châtiment. Et chaque fois qu'une époque rejeta les enseignements d'Uranie, de Polymnie, de Clio, de Calliope et d'Érato, c'est moi qu'on appela.

Alexandre (dans la perplexité) :

— Mais... comment l'homme pourrait-il éviter le Drame, alors que sa nature même enfante les passions ?

Melpomène (doucement, presque avec pitié) :

— La passion n'est pas un péché. C'est un carburant. Le problème commence lorsque le carburant devient nourriture. Lorsque l'émotion déforme le Verbe, lorsque la douleur ne mène pas à la catharsis mais à la rancune.

Lydia (émue) :

— Tu veux dire que les tragédies sont des échecs des Muses précédentes ?

Melpomène :

— Pas des échecs. Des promesses non tenues. La tragédie est le rappel que lorsque les Vertus ne sont pas incarnées, les conséquences sont inévitables. Car rien ne s'oublie dans le tissage de l'Univers.

Au même instant, derrière elle, apparaissent, des sociétés qui vénéraient le pouvoir et l'argent plus que l'Homme. Des visages en souffrance, des foules silencieuses ou acclamant leur propre chute.

Melpomène (se tournant vers les créatures de l'Oasis, restées silencieuses) :

— Vous, porteurs du renouveau, ne devez pas oublier. Gardez la Tragédie comme Mémoire. Non pour qu'elle vous effraie, mais pour qu'elle vous maintienne Éveillés.

Melpomène (penchée pour la première fois, parlant lentement, les yeux vers la terre)

— Il y eut des époques où l'injustice devint loi, et la vérité, exilée. Où le héros ne s'éleva pas par sa valeur, mais par sa capacité à soumettre. En ces temps-là, je suis venue. Non pour punir, mais pour signaler».

Néoptolème (le front crispé) :

— Alors, tu n'apportes pas le malheur... tu le révèles.

Melpomène (levant lentement les yeux) :

— Exactement. Je suis le miroir. Si le reflet vous fait mal, ce n'est pas la faute du miroir.

Alexandra (avec révérence) :

— Et que faire quand le drame devient si profond qu'on ne sait plus comment être sauvés ?

Melpomène (s'approche et lui touche doucement la main) :

— Alors, seule l'Art sauve. Là où la raison échoue, là où les mots se perdent, l'homme danse, chante, raconte. Et là naît la Catharsis.

Silence. Les créatures de l'Oasis commencent à bouger lentement, comme si elles dissipaient l'ombre pesante.

Melpomène se tourne une dernière fois vers son auditoire.

— Souvenez-vous : le Drame est le désir de Dieu de voir si vous avez compris. Non si vous avez gagné.

Elle s'éclipse paisiblement. Derrière elle, la scène s'illumine à nouveau, doucement. Une brise légère souffle, portant le goût du changement. Les nuages s'écartent entièrement. La lumière tombe en cascade sur l'Oasis. Les plantes fleurissent toutes ensemble, comme dans une acceptation synchronisée de la Joie. Les oiseaux ne chantent pas seulement, Ils entonnent des harmonies polyphoniques. Le son des tambours, des flûtes, des lyres, des cymbales et des cuivres emplit l'air. Les créatures bougent avec légèreté, tourbillonnant comme des danseurs d'une antique fête.

Thalie

Elle émerge des reflets chatoyants d'un lac qui rit littéralement. L'eau vibre de l'intérieur, comme si une troupe invisible y applaudissait. Thalie est vêtue de vert et d'or, avec une couronne de lierre et de roses. Elle tient d'une main le masque du rire, et de l'autre un panier rempli de fruits et de symboles d'abondance.

Thalie (d'une voix lumineuse, joueuse mais profonde) :

— Je suis venue parce que vous avez ri au milieu de la douleur. Je suis venue parce que vous avez dansé malgré les blessures. Parce que vous avez porté le poids du savoir... sans oublier le droit à la joie.

Callimaque (avec enthousiasme) :

— Mais... tu es la dernière ! La dernière que nous attendions !

Thalie (souriant largement) :

— Non, mes chers. Je suis la première de toute naissance.
Sans le rire, rien ne commence.

Lydia (émue) :

— Alors toi... tu ne caches aucun enseignement moral ?

Thalie (clin d'œil malicieux) :

— La morale est celle-ci : ne te prends pas tellement au sérieux que tu oublies combien il est divin de rire.

Les créatures commencent à danser en rythme, de manière dionysiaque mais synchronisée, en cercle. Les héros participent. Tous. Sans exception. Les tragédies ne sont pas oubliées ; elles s'inclinent simplement devant le Chœur.

Thalie (levant son masque) :

— Ici s'achève le cortège des Muses. Mais maintenant commence le vôtre.

La lumière s'assombrit légèrement non de manière menaçante, mais méditative.

Alors que les héros poursuivent la danse, des vagues de souvenirs et de visions les envahissent. Pas leurs propres souvenirs, mais des mémoires d'autrui. Des masques s'approchent d'eux, comme des esprits légers au sein du cercle.

Alexandre (s'arrêtant brusquement, comme traversé par l'électricité) :

— Je l'ai vu. Il était en moi. Thémistocle. Il me parlait de sa décision de se tourner vers les Perses. Il a dit qu'il n'avait pas supporté l'ingratitude des siens. Et moi… je l'ai compris.

Lydia (serrant les dents) :

— Moi, j'ai entendu Marc Antoine... des voix, du feu, et la trahison. Il m'a dit que tout n'est pas ce qu'il paraît, que la foi chancelle lorsque les fondations sont pourries. Et si moi aussi, à sa place... ?

Callimaque (la gorge nouée) :

— Moi, j'étais Capodistrias. Pas le courageux des traités, mais l'autre. Le seul dans des murs silencieux, abandonné de tous. J'ai vu les pas qui mènent à la mort... par les mains de frères.

Des noms s'élèvent autour d'eux comme une fumée :

- Kolokotronis — avec larme et feu.
- Rhigas Feraios — visionnaire, papier ensanglanté.
- Daskalogiannis — pendu, mais encore là.
- Markos Botsaris — criant comme un tambour dans le vent.
- Et aussi Nenekos... le son de son nom semble faire mal à l'oreille.

Tous ces fantômes les regardent sans jalousie ni tristesse. Seulement avec compréhension et gravité.

Thalie (regardant avec douceur mais sérieux) :

— Dansez. Dansez à visage découvert. Car même si vous n'étiez pas eux... vous auriez pu l'être. Vous êtes tous à la fois les justes et les damnés. Tous.

La danse continue. Elle change. Ce n'est plus une joie superficielle. C'est une catharsis.Le cercle se resserre. Les créatures dansent avec les héros. Tous les visages incarnent des aspects du Soi. Ils dansent tous ensemble : leurs actes, leurs choix, leurs fautes, leurs regrets.Personne n'est innocent, mais tous sont présents.

Lydia (criant avec ferveur dans le rythme) :

— Aucune victoire sans vérité !Aucune liberté sans connaissance de soi !

Tous (comme un chœur, tandis que la musique monte) :

— Nous ne sommes pas nés pour la grandeur. C'est la grandeur qui naît quand nous nous souvenons de ce que nous aurions pu être.

Les Muses ne sont pas venues pour sauver le monde. Ni pour se distinguer des autres. Elles sont venues simplement parce que l'eau les a appelées. Et l'eau cette chose humble, atemporelle, omnisciente n'appelle jamais sans raison.

L'eau n'a pas choisi les meilleurs. Elle a choisi les ouverts. Ceux qui pouvaient se briser, sans se réduire en miettes. Ceux qui ont osé voir en les

Muses non la gloire des mythes, mais la profondeur de la responsabilité.

Il n'y a pas de transformation sans révélation. Et la révélation ne vient pas avec des éclairs. Elle vient avec des miroirs. Des miroirs qui ne montrent pas seulement ce que nous sommes, mais ce que nous pourrions être.

Les Muses ne sont pas venues inspirer. Elles sont venues rappeler. Que les valeurs sont souffle. Et sans souffle, même le plus grand corps de l'Histoire s'effondre comme une coquille vide dans l'abîme.

Alexandre et Lydia ne sauront peut-être jamais pourquoi ils ont été choisis. Mais si, à la fin, ils peuvent dire : « Nous n'avons pas refusé de voir », alors leur voyage aura trouvé sa justification.

Le soleil décline sur l'Oasis. Les couleurs s'adoucissent. La musique des créatures s'est tue. Ils restent seuls, assis sur un promontoire rocheux près du lac.

Lydia :

— Je ne ressens plus le besoin de prouver. Juste de comprendre.

Alexandre :

— Et moi, je sens... que le silence n'est plus de l'ignorance. C'est une responsabilité.

Lydia :

— Que dirons-nous en repartant d'ici ? Que prendrons-nous avec nous ?

Alexandre :

— Pas des idées. Ni des dogmes. Nous emporterons des regards. Des façons de voir autrement. Et une dette : celle de nous soupçonner nous-mêmes avant les autres.

Lydia :

— J'ai croisé Érato, et je me suis interrogée sur l'amour. Calliope, et j'ai senti le Verbe me peser. Melpomène, et j'ai compris que toute vérité demande du courage.

Alexandre :

— Et maintenant, que reste-t-il ? Que faire après avoir vu tout cela ?

Lydia :

— Il ne suffit pas d'avoir vu. Il faut rester humain après cela.

[Une brise douce traverse les herbes. Le ciel prend une teinte dorée, presque imperceptible.]

Alexandre (doucement) :

— C'est peut-être cela, le début d'une nouvelle ère. Une posture intérieure, qui ne permet plus à notre être d'oublier.

Le rêve avant l'aube

L'Oasis dort. Le ciel est constellé d'étoiles, mais leur lumière est douce, comme si elle écoutait. Les héros sont allongés entre les arbres. Le lac reflète la galaxie. La température descend doucement. Silence.

(La voix de l'eau, désormais presque comme une pensée paternelle)

— Chaque regard que vous portez ce soir est plein d'images. Chaque battement, un rappel. Je ne vous ai pas enseigné. Je vous ai rappelés. Et maintenant... vous vous souvenez.

Alexandre rêve. Il se voit enfant, sur une montagne, tenant une pierre entre ses mains. Il la soulève comme un calice. Un vieil homme lui murmure : « Si tu ne peux pas sauver le monde, sauve en toi un lieu qui en vaille la peine.

Lydia rêve. Elle court pieds nus dans une oliveraie antique. Les feuilles murmurent. La voix douce de Clio.

— Ne porte pas l'Histoire comme un fardeau. Porte-la comme un enfant. Pour la faire grandir.

Ils se réveillent peu avant l'aube. Les couleurs du monde ne sont pas encore revenues. Le silence est béni.

Lydia (doucement) :

— Le rêve t'a touché, toi aussi, n'est-ce pas ?

Alexandre (regardant l'horizon) :

— Ce n'était pas un rêve. C'était un legs.

Lydia :

— Avons-nous changé ?

Alexandre :

— Non. Nous nous sommes souvenus de qui nous étions, avant de changer.

Et alors... loin, depuis les profondeurs du lac, l'eau commence à former une nouvelle silhouette. Une présence d'une sérénité et d'une profondeur indicibles. Ni élan, ni flamme. Mais Source. L'origine même de toute chose se prépare à se révéler. Il n'en reste qu'UNE. La Mère de la Mémoire.

La scène change lentement, comme si le Temps se fissurait. Tout se tait. Les sons s'éteignent. Les mouvements des créatures se figent. Ni la joie ni la tristesse n'ont leur place ici. Le ciel s'assombrit, alourdi par une vérité. Le lac, au centre de l'Oasis, commence à s'agiter de lui-même. Circulaire, fumée d'un antique sacrifice. Sa surface devient transparente... et en son sein naît une forme. Elle ne monte pas, elle est rappelée. Elle ne ressemble à aucune autre. Elle est hors du temps. Comme si elle avait toujours été dite, et jamais prononcée.

Ses traits changent sans cesse : elle est enfant, vieille femme, homme, femme, ange et dieu déchu. Elle parle sans ouvrir les lèvres. Et les mots résonnent, comme un écho lointain des montagnes et des plaines.

MNÉMOSYNE

— Vous avez vu mes Filles. Je les garde comme des larmes dans les courants de l'Esprit. Chaque fois que le Monde oublie, je fais renaître les Muses. Je les sacrifie au nom de la faiblesse humaine. Pour qu'elles vous ramènent.

Lydia (à voix basse)

— Toi... tu n'es pas une forme. Tu es toutes. Tu es le besoin même de se souvenir.

Alexandre (avec respect, mais aussi une inquiétude sincère)

— Et maintenant ? Nous, nous nous sommes souvenus. Mais le monde, dehors... il ne sait même pas que tu as existé. Comment transmet-on la Mémoire à un monde qui ne sait pas ce qu'il a perdu ?

Mnénosyne

—« On ne la transmet pas. On la réactive. Comme le feu qui dort sous la cendre. La Mémoire n'est pas le passé. C'est la force d'agir autrement, parce que quelque chose en vous se souvient de qui vous êtes.

Autour d'eux apparaissent des formes du passé : des visages connus et anonymes. Des regards pétrifiés qui réclament justice. Des images de toute l'histoire humaine, noble et terrible.

Mnénosyne (se tournant vers les héros, avec tendresse et gravité) -

— Vous n'êtes pas venus ici pour repartir savants. Vous êtes venus pour retourner avec la mémoire comme une flamme en vous. Et avec elle, brûler le monde faux. Ou... l'éclairer.

La forme de Mnémosyne, avec une voix qui ne touche pas seulement les oreilles, mais s'inscrit dans le champ intérieur des héros, répond à la question qui n'a pas été posée.

Mnénosyne

— Zeus... le Zeus des Anciens Cycles Il ne s'est pas uni à moi par désir. Ni simplement pour faire naître neuf formes de sagesse. Il m'a cherchée à la fin d'une époque ; quand le climat du monde changeait, quand le grand glacier reculait, quand la Terre ne se souvenait plus de ce qu'elle était. Il l'a fait car il savait qu'on ne crée rien de nouveau à partir du seul présent. Pour que l'Esprit évolue, il doit se tourner en arrière. Là où la peur a figé l'Humanité. Là où les erreurs se sont répétées mille fois, c'est là qu'il faut se tenir... et se souvenir autrement.

Lydia (la voix nouée, murmure)

— Alors... les Muses ne sont pas des arts. Ce sont les façons dont l'Esprit fouille sa propre profondeur.

Alexandre (avec une lumière soudaine dans les yeux)

— Zeus n'est pas retourné dans le passé. Il a élevé le passé avec lui au sommet de l'Olympe. Et il en a fait la Mémoire. Et c'est de là qu'est née la Création pleine de Sens.

Mnémosyne (paisible et majestueuse)

— Vous êtes prêts, maintenant. Pas parce que vous savez. Mais parce que vous vous souvenez. Du glacier en vous. De la lumière qui a fait fondre vos ténèbres. Et du Verbe qui veut vivre à travers vous.

La scène commence à se dissoudre. La forme de Mnémosyne réside désormais en eux. Une lumière brille doucement au-dessus de leurs têtes. Ce n'est pas une flamme. C'est la nostalgie de l'avenir.

Ils restèrent tous silencieux. Ils se regardaient, échangeant par les yeux des questions, de la sérénité, et une étrange satisfaction. L'Eau coule entre eux. Pas sur la terre. Dans la lumière. Sa voix semble désormais émaner de l'intérieur d'eux-mêmes.

L'Eau

— Ce que vous avez vu ici, ce n'est pas un savoir. Ce n'est pas une révélation. C'est une réminiscence. On vous l'a rendue, pour que vous puissiez construire vers l'avant. Pas pour rester. Les oasis ne sont pas des lieux où l'on vit, elles sont les carrefours des Grands Chemins. Vous vous êtes reposés. Vous vous êtes souvenus. Il est temps maintenant d'abandonner l'ego que vous avez amené ici.

ALEXANDRE (doucement)

— Et maintenant, où allons-nous ?

L'EAU (avec une certitude tranquille)

— Là où vous serez mis à l'épreuve. Le vacarme du monde cherchera à vous détourner. Les souvenirs des autres vous tenteront. Vous serez appelés à discerner ce qui est vôtre de ce que vous avez voulu croire pour ne pas avoir peur.

Lydia (en murmurant)

- Alors... ici... ce n'était que le commencement ?

L'Eau

— Ici, c'était la naissance de votre véritable Moi. À présent, vous devez le défendre. (silencieusement, une lumière jaillissant des profondeurs) Maintenant... je me retire. Comme à chaque fois que votre flamme prend le relais. J'ai été le miroir. Désormais, votre monde réclame des actes. Vous me retrouverez quand la flamme sera menacée. Quand l'Eau sera à nouveau cherchée pour rappeler. Jusque-là... gardez le sens plus profondément que votre souffle. Car vous êtes désormais la Mémoire. Et moi… je vais laver ce que l'avenir a déjà soif de revoir avec clarté.

Et n'oubliez jamais : Vous portez plus l'Univers en vous, que lui ne vous contient.

Suit le silence. La lumière se retire. L'eau disparaît, sans laisser une goutte. Ils ne savaient pas s'ils devaient pleurer ou sourire. S'ils devaient prier… ou commencer à construire. La seule chose qu'ils savaient, la seule chose qu'ils sentaient, c'est que quelque chose en eux était terminé. Et qu'autre chose… n'avait pas encore commencé. Mais ils allaient le porter. Partout. Ils n'étaient plus des voyageurs. Ils étaient des porteurs. Plus des chercheurs. Mais des porteurs de feu. Et lorsqu'ils sortirent de l'Oasis, ils ne se retournèrent pas, parce que pour la première fois, ils savaient où ils allaient.

Le monde en agonie

Le vent soufflait à travers les carcasses d'un monde assoiffé. Là où autrefois les rivières chantaient sous le ciel, il ne restait plus qu'un silence sec, un craquement de poussière. Le sol, fissuré comme une peau abandonnée par l'âme, attendait une dernière larme.

Les peuples, jadis insouciants, regardaient maintenant les cieux sans réponse. Ils avaient refusé d'écouter. Ils avaient ri quand les premiers signes étaient venus. L'eau s'était retirée sans bruit, avec une élégance douloureuse — comme une mère qui quitte son enfant devenu étranger.

Au sommet d'un ancien aqueduc, un homme s'effondrait à genoux. C'était Joël, un hydrothéologien banni pour avoir trop parlé. Il fixait le vide d'un lit fluvial devenu creux. À ses côtés, Mara, une femme dont les enfants étaient morts de soif deux lunes plus tôt.

— Tu vois, Mara... Le fleuve avait un cœur. Et nous l'avons piétiné.

— Je ne voulais pas croire. Je me disais... que l'eau ne nous abandonnerait jamais.— Elle ne nous a pas abandonnés. C'est nous qui avons oublié de l'aimer.
— Et maintenant ? Il ne reste rien. Même nos larmes sont sèches.

Autour d'eux, des silhouettes cherchaient désespérément des gouttes sous les pierres, léchant les mousses mortes, creusant le sable avec les ongles.

Plus loin, dans une ville fantôme, une femme nue marchait lentement dans les rues. Son nom était Éléna. On disait qu'elle parlait au vent depuis que l'eau l'avait quittée.

— Elle m'avait dit qu'elle partirait... Je n'ai pas écouté... Je n'ai pas écouté ! criait-elle, les bras tendus vers un ciel impassible.
— Reviens ! Tu peux tout reprendre, mais reviens !

Mais l'eau ne répondait plus.

Des foules se rassemblaient chaque nuit autour des derniers puits, chantant d'anciens hymnes qu'ils ne comprenaient plus. Des prêtres de l'oubli, vêtus de sel, bénissaient le vide.

Et dans ce désert qui s'étendait, les premiers à avoir compris regardaient en silence. Parmi eux, Lysios, un ancien compagnon d'Alexandre, observait la ligne de l'horizon.

— Ils crient maintenant, mais leurs cris sont trop tardifs. L'eau nous a tout donné. Elle voulait qu'on la serve... et nous l'avons exploitée.

Mara s'approcha de lui, tenant dans ses mains une écuelle de pierre, vide.

— Tu crois qu'elle entend encore ? Que quelque part... elle garde mémoire de notre douleur ?

Lysios baissa les yeux.

— Elle se souvient. C'est sa nature. Mais le souvenir ne console pas. Il juge.

La mémoire de l'eau devient silence

Le cinquième jour sans humidité, l'air même semblait brûler les paroles. Les langues des hommes devenaient lourdes, et les prières, rauques. Dans les cités effondrées, des enfants jouaient à mimer la pluie, jetant des cailloux dans des bassines vides, en chantant de vieux refrains.

Mais certains ne pouvaient plus jouer. Ils se souvenaient trop.

Au centre de l'ancienne Agora, un homme s'était hissé sur un tonneau renversé. Il portait un costume rapiécé de couleurs fanées, et un chapeau ridicule — autrefois symbole de sa fonction : Tibérion, le bouffon du palais des technarques.

— Mes amis ! Ce n'est qu'un rêve ! Le sol va se fendre et l'eau jaillira, rira, chantera ! Elle aime les fous, non ? Elle me parlait, avant...

Il se mit à tourner sur lui-même, les bras écartés.

— Regardez ! Je suis la source ! Buvez-moi !

Mais personne ne riait. Même les enfants s'étaient arrêtés.

Une pierre vola et l'atteignit au visage. Puis une autre. Un silence. Puis une pluie, de pierres.

Quand tout fut fini, un vieillard s'approcha du corps meurtri. Il s'appelait Dr. Naum Elias, ancien directeur de l'Institut de Mémorie Hydrique. Ses mains tremblaient.

— Je lui avais dit... au Conseil... que l'eau enregistrait tout. Pas seulement nos gestes, mais nos intentions.

Une jeune femme l'écoutait, le regard perdu. Son nom : Séléné. Elle portait encore autour du cou un petit flacon d'eau scellée — vestige de la dernière pluie.

— Ils t'ont traité de charlatan, n'est-ce pas ?

— Oui. Puis ils m'ont décoré, quand les premiers réservoirs se sont vidés. Ensuite, ils m'ont oublié.

Il posa une main sur l'épaule de la jeune femme.

— Tu sais ce que je crains ? Ce n'est pas la fin de la vie. C'est la fin de la mémoire. Lorsque même l'eau choisit d'oublier.

Séléné chuchota.

— Peut-être qu'elle oublie... pour ne plus souffrir de nous.

Autour d'eux, les bâtiments s'écroulaient lentement, rongés non par le feu, mais par l'absence. L'absence d'un lien, d'un souffle, d'un battement.

Dans un amphithéâtre abandonné, un écran géant montrait encore, figé, les mots d'un ancien message : "Le futur est fluide."

Quelqu'un avait gribouillé dessous avec du sang séché.

"Pas sans l'eau."

Ceux qui murmurent encore à l'eau

La lumière était devenue cendre. Même à midi, on aurait cru le crépuscule. Sur les ruines d'un ancien aqueduc, une femme aveugle passait ses doigts sur la pierre craquelée, comme si elle cherchait à lire une écriture effacée.

Elle s'appelait Myrrhée, et jadis, elle avait guidé les pèlerins vers les sources sacrées. Aujourd'hui, personne ne marchait derrière elle. Sauf un enfant.

— Tu entends encore l'eau ? lui demanda-t-il, la tête penchée.

Myrrhée s'arrêta.

— Non. Mais je sens son absence. C'est une forme de présence inversée.

— Moi je l'entends parfois. La nuit. Quand tout dort sauf les souvenirs.

L'enfant s'appelait Néron, comme l'empereur, disaient certains. Mais ce n'était qu'un surnom. Son vrai nom, oublié même par lui, semblait couler entre ses lèvres dans un rêve.

— Elle me parle. Elle dit qu'elle n'a pas fui. Qu'on lui a tourné le dos.

— Ce n'est pas la même chose… murmura Myrrhée.

— Mais pourquoi elle ne revient pas ?

La femme ne répondit pas. Elle s'accroupit et posa la paume sur la terre. Aucun frisson. Aucun pouls.

Autour d'eux, les collines s'étaient fendues. Là où coulait un fleuve jadis, ne restait qu'un long sillon de sable blanc, comme une cicatrice.

Dans les villes, les rations avaient cessé. Les dernières réserves s'échangeaient contre des noms : certains prétendaient que prononcer un ancien nom sacré pouvait faire suinter une goutte, ici ou là.

On vit même des hommes crier dans les puits :

— Mnémè ! Mnémosýne ! Écho ! Réponds !

Mais seul le vent descendait, et parfois les rires secs des vautours.

Au nord, un groupe de survivants, autoproclamés les Pénitents, se flagellaient au bord d'un lac mort, récitant d'une seule voix :

— Pardon pour l'avoir nommée sans l'avoir écoutée. Pardon pour l'avoir analysée sans l'avoir crue. Pardon pour l'avoir réduite à ses ions et négligé son âme.

Myrrhée, elle, n'implorait pas. Elle attendait.

— Le silence est peut-être un langage que nous avons oublié d'apprendre…

Néron releva la tête.

— Elle a dit de ne plus pleurer. Que ça la noie...

Et il sourit, pour la première fois depuis des lunes.

Ceux que l'eau a désertés

Il restait quelques places debout dans ce qu'on appelait encore ironiquement le Camp de Coordination Sud. Ce n'était ni un camp, ni un centre, ni un espoir. Juste une enceinte de barbelés rouillés, des tentes effondrées, et un drapeau blanc hissé à l'envers.

Là, un homme en uniforme déchiré tentait chaque matin de faire aligner ceux qui n'avaient plus la force de marcher.

— Ligne ! Formation ! Discipline !

Il hurlait, mais sa voix se perdait dans le vide.

— Sans ordre, nous mourrons comme des bêtes !

Il s'appelait Orion Delmas, jadis général de la Zone Aquifère Centrale. Il portait encore ses insignes sur la poitrine, mais personne ne les reconnaissait.

Un jeune homme osa lui répondre un jour :

— Et avec votre ordre, nous mourons comme des statues. Laquelle est la plus belle mort ?

Orion dégaina son arme... vide. Il se figea, puis s'effondra en silence, la tête entre les genoux.

Non loin, sous un dôme de verre brisé, Danaé, en blouse tachée, fondait des morceaux de miroir et de plastique transparent dans une vieille centrifugeuse manuelle. Elle soufflait de petites bulles, qu'elle rangeait dans des fioles étiquetées : Pluie du 17 mars, Rosée de lune, Larme de pardon.

— Je recrée le cycle. Si je convaincs l'univers que nous avons encore foi dans l'eau, peut-être qu'elle reviendra...

Un enfant la regardait faire.

— Mais c'est pas de l'eau, madame. C'est du verre.

— Et nous, sommes-nous encore de la chair ? Ou bien sommes-nous devenus des statues de soif ?

Dans les ruines d'une chapelle submergée de poussière, Frère Lucien priait encore. Mais ses psaumes devenaient incompréhensibles.

— Et l'Esprit planait sur les eaux... et maintenant, il plane sur le vide ? Seigneur, as-tu déserté tes fleuves ? Ou bien est-ce nous qui avons vidé ton nom de toute densité ?

Il se tourna vers la croix, la toucha du bout des doigts.

— Si tu ne veux plus de nous, envoie-nous au moins une goutte pour nous dire adieu.

Mais la croix était sèche. Le bois même avait cessé de pleurer.

Et pourtant, dans le silence qui suivit, un infime claquement se fit entendre. Comme si un grain de sel tombait sur une pierre nue.

Lucien sourit.

— Ou alors… tu nous observes encore. Mais tu n'interviendras plus. Comme un père déçu…

Les marcheurs de la dernière berge

Ils étaient plus de cinquante. Hommes, femmes, enfants, vieillards, tous vêtus de lin blanc, cousu à la main à partir des rideaux des anciens sanctuaires. Ils n'avaient plus de prêtres, plus de chants, mais ils avaient conservé l'idée de la marche. La dernière marche.

On les appelait les Marcheurs de la dernière berge.

Leur chef, une femme aux traits effacés par le soleil, portait un nom ancien, presque oublié : Myrrhée. Elle ne parlait pas beaucoup. Elle désignait le ciel, le sable, les ruines, et ses yeux suffisaient.

La veille, ils avaient peint leurs fronts avec de la boue séchée, en traçant une unique lettre : un cercle incomplet, symbole d'un monde qui s'était refermé trop tôt.

Un témoin extérieur, un certain Jalil, écrivain errant, tenta de les dissuader.

— Vous n'avez pas à partir. Il y a peut-être encore une source quelque part, un mot, un signe... Mais Myrrhée lui répondit :

— Tu cherches des signes. Nous avons vu le dernier : l'eau s'est tue.

— Mais si elle vous observait, si elle vous attendait ailleurs ?

— Elle nous a lavés de toute attente. Nous sommes secs comme des cendres, et les cendres, Jalil, ne traversent pas le désert.

Le groupe se réunit autour d'un cercle de pierres. Au centre, ils avaient creusé une cuvette dans le sol, où trônait une urne vide. Chaque marcheur y déposait un objet : un peigne, un livre, une photo effacée. Comme s'ils restituaient à la terre les traces de ce qu'ils avaient mal utilisé.

Puis Myrrhée parla une dernière fois.

— L'eau est partie. Et avec elle, l'histoire. Nous ne laisserons pas de suite. Ni enfants. Ni récits. Ce sera notre offrande : le silence absolu. Le seul pardon possible.

Alors, sans un cri, sans un geste brusque, ils entonnèrent un souffle. Un murmure de gorge, un bruissement semblable à celui d'un vent mort.

Et ils marchèrent vers l'horizon, en file, les pieds nus, les paumes tournées vers le ciel vide.

Jalil les suivit des yeux jusqu'à ce qu'ils disparaissent dans le tremblement de chaleur.

— Et si… elle les écoute encore ? murmura-t-il.

Mais le sol sous lui craqua. Une poussière fine s'éleva. Et aucun écho ne répondit.

Myrrhée et les porteurs d'illusions

Myrrhée n'avait pas toujours été silencieuse. Autrefois, dans la ville de verre, elle récitait des psaumes scientifiques. Elle croyait à l'osmose des peuples, à la transparence du progrès. Elle portait des lunettes sans verres, pour mieux « voir l'avenir nu », disait-elle.

Puis un jour, un enfant — son fils — but un liquide synthétique qu'un homme en blouse blanche lui avait donné comme « substitut d'eau ».

Il agonisa trois jours, en prononçant ce mot :

— Pourquoi... c'est amer ?

Depuis, Myrrhée portait en elle un poison que seule la sécheresse pouvait comprendre. Elle ne prêchait plus. Elle effaçait. Elle marchait pour dissoudre le passé dans le sable.

Mais ce soir-là, alors que la dernière marche venait de s'interrompre au pied d'un ravin, on entendit des voix.

— De l'eau, mes frères ! Pure ! Conservée ! Rare !

Une silhouette surgit entre les rochers. Il portait une veste en plastique gonflable, avec des symboles d'entreprises disparues. Il avait une cicatrice bleue sur la tempe gauche.

— Je m'appelle Tharsis. Je suis porteur. Je vends ce que vous avez prié trop tard.

Derrière lui, deux autres hommes traînaient une charrette. Elle contenait cinq bouteilles, scellées de cire noire. Autour d'elles, des chaînes. Comme des trophées volés.

Myrrhée s'approcha, les yeux plissés.

— D'où vient-elle ?

— Peu importe. D'un puits ancien, ou d'une oasis militaire. Mais elle est là. Et elle peut être vôtre.

Un vieillard s'agenouilla.

— Un seul verre, pour ma petite-fille... elle ne parle plus depuis deux jours.

Tharsis sourit.

— Un nom, un souvenir, et elle boira.

Myrrhée intervint, sèche.

— Et ensuite ? Elle se rappellera de quoi ? De toi ?

— De moi, non. Mais de sa soif. Et la soif, ma sœur, c'est le seul dieu qui reste.

Elle ferma les yeux.

Puis elle frappa une pierre contre la bouteille. Le verre éclata. L'eau se répandit sur le sable, absorbée avant de briller.

— Il n'y a pas d'eau sans mémoire. Et la tienne n'a pas de nom.

Tharsis recula, haineux.

— Vous préférez mourir purs ? Soit. Alors mourrez vides !

Mais aucun ne bougea.

Myrrhée, droite au milieu des tessons, déclara :

— Le désert nous a purifiés. Ce que vous appelez vie est une seconde trahison.

Et les porteurs s'éloignèrent, en silence, dans la nuit tremblante.

La désévocation

Ils étaient désormais moins d'une trentaine. Ceux qui restaient ne parlaient plus qu'avec les yeux, ou avec de très anciennes chansons qu'aucun d'eux ne comprenait vraiment. Des fragments d'un monde antérieur, comme des coquillages dans le vent.

La nuit ne tombait plus. Elle restait suspendue, en attente de leur disparition.

C'est alors qu'ils décidèrent de ne plus se compter.

Car compter, c'était se rappeler la perte. Et ils n'avaient plus d'espace pour contenir la douleur.

Un homme sans âge, que l'on appelait Le Maigre, se leva et déclara :

— Nous ne sommes plus des vivants. Nous sommes des souvenirs qui marchent.

Une femme, aux cheveux blancs comme la cendre, lui répondit :

— Non, nous sommes ce que l'eau ne voulait pas garder.

Le silence s'épaissit. Même le vent semblait retenir sa respiration.

Ils dressèrent un petit autel, fait de gobelets fondus, de dentelles flétries, d'éclats de miroirs.
Non pas pour prier, mais pour nommer une dernière fois ce qu'ils n'étaient plus :

— Père

— Amant

— Langue maternelle

— Berceuse

— Geste d'avant la peur

— Ombre sous le chêne

— Promesse de pluie

Mais aucun écho ne leur répondit. Ils comprirent alors ce que signifiait le dernier abandon : Ce n'était pas l'absence de voix, c'était l'absence de récepteur.

La parole mourait à l'instant où elle naissait.

Myrrhée, assise à l'écart, traçait des cercles invisibles sur le sol.

— L'eau n'a pas fui, murmura-t-elle. Elle s'est souvenue d'elle-même.

Un jeune garçon, que personne ne connaissait, s'approcha d'elle.

— Et nous ?

— Nous étions une note de passage. Un battement dans son rêve.

— Alors elle s'est réveillée ?

— Non. Elle a changé de rêve.

Ils restèrent là, longtemps, dans un silence si pur qu'il semblait venu d'avant la naissance du monde.

Un à un, les survivants s'assirent. Puis s'allongèrent.

Il n'y eut ni cri, ni plainte. Seulement cette pensée muette : Nous ne sommes pas morts. Mais le monde ne nous reconnaît plus.

Alors que l'oasis s'enfonçait lentement dans le silence, après la présence supra-mondaine de la Muse, l'eau se retira dans la terre, laissant derrière elle un murmure diffus — comme un soupir ou une promesse — suspendu entre les voûtes bénies de la lumière et du toucher. Loin de cette scène enchantée, nos premiers héros, fatigués mais plus éveillés que jamais, poursuivaient leur propre chemin à travers les paysages denses des questions et des révélations. À présent, à un point de passage, nous les retrouvons, au seuil d'un nouveau territoire : là où la mémoire n'est plus un passé qu'on évoque, mais un champ qu'il faut habiter à nouveau. C'est ainsi que commence le chapitre suivant.

La Pnyx de la Mémoire

Une chose est certaine : la mémoire de la Terre est plus ancienne que celle des hommes. Mais quiconque l'écoute attentivement peut entendre les secrets du souffle du Monde.

La scène s'ouvre comme une tribune universelle. Un amphithéâtre naturel, sculpté dans des vagues fossilisées, avec des rochers formant une étreinte circulaire autour d'une sérénité stagnante, semblable à un lac. Au-dessus, tel un ciel théâtral, se distinguent des vestiges pierreux d'une époque cataclysmique primitive : fragments de coraux, couches blanches de sel et restes d'algues dans des profondeurs calcaires.

Au cœur de la Pnyx, Sophocle le Pontique se tient, vêtu d'un manteau de sable et d'algues. Il tient un bâton de bois flotté et s'adresse aux personnes rassemblées

Sophocle le Pontique

— Avant que l'Histoire n'existe, il y avait la Mémoire de la Terre. Et lorsque les eaux de l'Euxin se sont précipitées à travers la faille du Bosphore, lorsque les Portes de l'Hellespont n'étaient plus bloquées... alors, un monde entier a disparu. Et avec lui, le premier dessein des hommes. Vous qui vous êtes tenus devant les Muses. Vous qui avez entendu l'Eau vous rappeler qui vous étiez.

Souvenez-vous maintenant de ce qui a été perdu et pourquoi.

Alexandre prend la parole, plus mûr que jamais :

Alexandre

— Chaque fin était un commencement. Mais nous n'avons jamais su si nos commencements avaient été correctement énoncés. L'Iliade parle de guerres, la Théogonie de l'origine des Divinités... et nous revivons la même hubris, chaque fois sous une nouvelle forme.

Lydia, avec un regard cherchant l'unité :

Lydia

— Mais la Terre se souvient. Son relief grave les culpabilités et les merveilles des peuples. Pouvons-nous, en effet, entendre ses messages sans nous entre-tuer à nouveau pour eux ?

À ce moment, diverses figures, présentes depuis le début mais n'ayant pas osé prendre la parole jusqu'à présent, encouragées par cette évolution, s'avancent vers le centre :

- Sophia, femme des steppes d'Ukraine.
- Élias, homme des montagnes d'Arménie.
- Hélène, du Nord glacé.
- Nikos, de l'Épire.

Sophia

— Notre rivière a détruit nos vallées.

Mais avant de le faire, elle nous a donné des légendes pour endurer.

Élias

— Les tremblements de terre qui ont fissuré nos montagnes étaient la réponse de la Terre à notre propre arrogance. Nous n'avons pas parlé à la Mémoire. Nous l'avons enfouie.

Nikos

— Et chaque nouveau commencement nous trouve comme des peuples en berne, en colère contre nos ancêtres, au lieu d'apprendre d'eux.

Comme une illumination collective, tous se tournent vers le centre. Le lac s'agite imperceptiblement. Comme s'il respirait. Et des profondeurs, la voix de l'Eau se fait à nouveau entendre, brièvement :

L'Eau

— Je ne suis pas venue pour vous sauver. Je suis venue pour vous éveiller. Ce qui a été perdu... peut être retrouvé. Pas par la bataille. Mais par le souvenir.

Le soleil décline sur le théâtre rocheux. Les figures se taisent. Et pourtant... ce silence est une action. C'est un pas dans la Mémoire, en toute liberté. La salle circulaire de pierre du forum brillait du soleil qui traversait un dôme d'eau, suspendu au-dessus de leurs têtes comme une mémoire en attente liquide. Les anciens familiers de l'Oasis avaient pris place autour du demi-cercle. Avec eux, désormais, des figures venues d'autres coins de la Terre, portant des noms enracinés dans la même matrice grecque : Inez des Pyrénées, Nicolas des embouchures du Danube, Sarah de Mésopotamie, Miltiade des rives du Nil.

Alexandre leva les yeux vers le dôme aquatique.

— Si nous partons du commencement... n'est-ce pas là le commencement : le bruit de la fonte ? La glace qui rendit les rivières aux peuples ? La mer qui monta et engloutit leurs plaines ?

Inez acquiesça.

— Mes ancêtres ont un mythe, avec une femme-cygne qui fit fondre les grottes gelées par son chant, réveillant les eaux. On dit que c'était la fin de Chronos, et le début du soleil. Sarah déplia son papyrus.

— En Sumer, on parle d'une grande eau qui monta soudainement. Ziandrat, notre Noé, enferma tous les animaux et les graines dans un coffre. Mais aucun de nous ne savait pourquoi... jusqu'à ce que l'on découvre les cercles du Vostok.

Nicolas poursuivit :

— Les données montrent que tous les 26 000 ans, le monde gèle puis se réchauffe. Et nous, nous croyons que tout commence et finit avec nous. Les glaces se souviennent. Et chaque cycle laisse derrière lui moins d'humains, plus de mer.

Lydia se tut un instant, puis dit :

— Alors peut-être que ce n'est pas la montée des eaux qu'il faut craindre. Mais ce qui remonte avec elles depuis la mémoire du monde.

Miltiade, de la vallée du Nil, éleva la voix avec gravité :

— En Égypte, on dit que lorsque le monde fut inondé, Rê cacha son soleil pendant quarante jours. Les divinités aquatiques prirent alors le pouvoir. C'était une époque où les dieux mouraient et renaissaient avec les eaux.

Inez ajouta avec révérence :

— À l'ouest de la péninsule Ibérique, nos ancêtres parlent de Luzinda, la femme qui fut sauvée sur une barque de cuir de taureau, quand la Grande Eau engloutit les plaines de Galice. On dit qu'un peuple naquit d'elle, les Lusitaniens, nés de la douleur et de la mémoire.

Nicolas se pencha légèrement vers Alexandre :

— Les traditions orales des Carpates racontent l'histoire d'une ancienne rivière qui bouillait et gonflait d'eaux noires. On l'appelait Dravar. Le père des rivières. Quand la glace fondit, il se réveilla et emporta les villages. Ceux qui ont survécu parlent encore de « la gelée qui fit fondre les esprits des hommes ».

Sarah baissa le regard :

— Et en Mésopotamie... c'est le dieu Enki qui avertit en secret Ziandrat. Le dieu lui-même eut honte des autres dieux et révéla la vérité à l'homme. Une vérité que les cités ont oubliée, jusqu'à leur engloutissement.

Lydia inclina la tête, songeuse :

— Alors... nous n'étions pas seuls. Nous ne l'avons jamais été. Mêmes inondations, mêmes rêves. Même peur, sous des noms différents.

Alexandre la regarda et dit calmement :

— Et maintenant, tournons le projecteur vers notre propre Mémoire. Pas seulement l'athénienne ou la dorienne, mais la plus ancienne, la mythique, celle d'avant les mots... Je parle de l'Ogygie.

Une bourrasque fit frémir les étoffes.

— On raconte qu'alors, quand le Déluge recouvrit le monde, tout fut perdu sous les eaux. Zeus, dit-on, se mit en colère. Au cœur du mythe se trouvent Deucalion et Pyrrha. Le couple archétypal qui ressèma l'humanité en jetant des pierres derrière eux. Des pierres devenues hommes.

Lydia murmura :

— Cela veut dire que nous portons la pierre que nous avons été ?

Alexandre sourit.

— Peut-être. Et peut-être que la pierre porte aussi la Mémoire de l'Eau. Car si l'on croit Platon dans le Timée, il n'y eut pas un seul déluge. Il y en eut plusieurs. Solon l'a appris en Égypte. Les prêtres lui ont dit : « Vous, les Grecs, vous êtes comme des enfants. Vous ne vous souvenez d'aucun des déluges qu'a connus l'humanité. »

Inez se redressa :

— Alors, Deucalion n'est que le dernier d'une chaîne de mythes...

Alexandre acquiesça :

— Et peut-être pas seulement un mythe. Aujourd'hui, nous savons qu'il y a 12 000 ans, à la fin de la période glaciaire, les glaces ont fondu brusquement. Les glaces de l'Antarctique au Vostok et du Groenland nous le disent. Elles savent mesurer la température, des milliers d'années en arrière. Chaque couche, une année. Et la couche de cette époque... crie.

Lydia ferma les yeux :

— Et que dit-elle ?

Alexandre répondit presque en chuchotant :

— Que l'eau se souvient. Qu'elle est montée partout sur le globe. Qu'elle a brisé des barrières. Qu'elle a gonflé le volume de la mer Noire. Qu'elle a ouvert le détroit du Bosphore et s'est déversée dans la vallée Égéenne, emportant tout sur son passage. Et tout ce qui était à plus de cent cinquante mètres demeura jusqu'à aujourd'hui sous forme d'île. Et tout cela, en très peu de temps. Les hommes se retiraient toujours plus vers les zones encore non inondées, car l'eau montait de quarante centimètres en l'espace d'une génération. Dans l'espace méditerranéen, l'homme n'eut pas, pendant environ cinq mille ans, le luxe de continuer à cultiver son savoir. Et il ne rafraîchissait pas sa mémoire. C'est pourquoi le mythe envoya Zeus à l'époque d'avant les glaciations, pour rencontrer la mère Mémoire, La Mère des Muses, qu'il féconda afin qu'elle nous ramène le souvenir à travers ses filles.

Arianna, fille de Cyrène, se leva :

— Alors, ce n'est pas un mythe. C'est une poésie qui s'est souvenue de la science. Ou une science qui a oublié la poésie.

Un silence s'installa. La scène sembla s'échauffer, comme si quelque chose d'ancien venait d'être justement rappelé.

Miltiade leva la tête et s'adressa à l'assemblée :

— Le récit du Déluge n'est pas seulement géologique. Il est métaphysique. Non seulement parce que la terre a été perdue, mais parce que l'ordre a été perdu. Orphée parle du chaos qui guette toujours. De la nécessité du souvenir comme voie intérieure pour revenir à l'ordre.

Alexandre :

— La cosmogonie orphique ne commence pas par la matière, mais par la Mémoire. L'Amour naît de l'Œuf Nocturne et devient conscience qui donne forme au chaos. Le Déluge est donc la répétition de cette première brèche, et le salut de l'homme, une nouvelle cosmogonie.

Lydie :

— Pyrrha et Deucalion jettent des pierres pour créer des hommes. Mais ces pierres ne sont-elles pas les souvenirs que chaque âme doit soulever ? Une à une, les strates de l'oubli ?

Arianna :

— Les pythagoriciens disaient que chaque corps porte la mémoire d'un son. Que le monde est harmonie mathématique, mais aussi que l'âme se souvient des raisons derrière les événements.

Inez :

— Alors, le Déluge est un point de retour. Une chute, mais aussi une épreuve. Allons-nous nous souvenir ? Ou allons-nous recommencer à zéro sans savoir que nous avons déjà été ?

Joseph (qui jusque-là écoutait en silence, pensif) :

— Voilà le noyau de la pensée grecque : l'anamnèse n'est pas une nostalgie. C'est la reconnaissance de la Vérité. Que nous y étions. Que nous y sommes encore.

Et alors, comme sorti d'un rêve, un petit garçon sans nom, sans ethnie, se leva des marches de la Pnyx et dit :

L'Enfant :

— Mais si nous nous souvenons tous... alors peut-être que nous sommes tous un seul corps ? Et chaque inondation est une blessure de nous-mêmes ?

Un silence se répand comme une vague.

Alexandre(à voix basse)

— C'est pour cela que nous sommes venus. Non pas pour comparer nos blessures, mais pour unir nos mémoires.

Ariane

— Et si le Déluge fut une fin, la Polis fut notre première réponse. Une forme d'organisation face au désordre de la nature. Comme le cycle de la nuit a engendré la musique, ainsi le besoin de survivre a engendré la Loi.

Alexandre

— Le mot « Polis » contient la racine de « polein » multiplier. Multiplication des hommes, des idées, des besoins. La Polis n'est pas née de la force, mais du dialogue.

Inez

— C'est pourquoi le premier temple n'était ni un palais ni une caserne. C'était toujours un centre de rassemblement. Le foyer, l'agora, la tribune. Un lieu pour poser la question : Qui sommes-nous ?

Joseph

— Et les Grecs se sont dressés contre ce qui jusque-là les maintenait dans l'obscurité de la peur. Ils ont cherché à rencontrer le regard des Dieux, et ceux-ci leur ont murmuré les principes de la Loi et du Logos. Par la dialectique. En établissant la notion de Dialogue. C'est pourquoi leur Polis est devenue une école. Non seulement de l'art du discours, mais aussi de la liberté.

Lydia

— Au début, il n'y avait pas de droit constitutionnel. Il y avait l'éthos. L'implicite transmis par les anciens, les initiés, les rites. Et ce n'est que lorsque la décomposition est survenue que les lois sont apparues, écrites et pénales.

Ariane

— Comme l'eau : lorsqu'elle ne coule pas librement, elle est contrainte de creuser des canaux.

Alexandre

— Ainsi, la Loi n'est pas le commencement. Elle est la trace. La Polis vit non par des lois, mais par des personnes. Par des relations. Lorsque les relations disparaissent, alors les lois sont écrites.

Inez

— Peut-être que chaque système de gouvernement n'est rien d'autre qu'une coquille qui a autrefois abrité la confiance.

Souleika

— Et l'Art ? N'est-il pas le premier acte politique ? Le besoin de parler à l'inconscient collectif ? De dire : Nous sommes ici. Et nous voyons le monde ainsi.

Joseph

— L'art est un fait politique non parce qu'il critique, mais parce qu'il produit une forme. Et la forme signifie choix. Architecture, théâtre, sculpture, musique, sont tous des moyens de dire : Cela mérite d'être retenu.

Un courant d'air passe entre eux. Son son rappelle l'écho d'anciens hymnes. Alexandre se tait un moment et regarde l'Oasis, qui semble maintenant être un souvenir d'un autre monde.

Alexandre

— La Polis, finalement, n'est nulle part. Elle est ce que nous construisons entre nous.

Stéphane

— La première chose que l'on construit après la catastrophe n'est pas le mur. C'est le sanctuaire. Un endroit où le monde peut se tenir pour se rappeler ce qu'est un être humain. Des Cyclades à Cnossos, et de Tirynthe aux mégarons de Thessalie, d'abord, les références aux Dieux.

Inez

— Car sans les Dieux, le temps devient incompréhensible. La Cité a besoin d'un axe vertical : le souvenir du commencement et l'espoir du retour. Le sanctuaire est cette ligne verticale.

Ariane

— Les Minoens n'ont pas construit de forteresses mais des palais, des ateliers, des sanctuaires. Leur mémoire était rituelle, liée à la nature. Le palais n'était pas un château, c'était un point de réconciliation avec le monde.

Alexandre

— À Cnossos, les fresques rappellent la liberté et l'enfance. Mais à Tirynthe, et à Mycènes, le regard se durcit. Là, la mémoire est plus lourde. Peut-être parce que la peur avait déjà pris racine dans le corps social.

Joseph

— Dans les Cités de la mer Égée, cependant, la transition s'est faite avec noblesse. Syros, Naxos, Délos n'ont pas montré la violence, mais l'harmonie. Elles ont apporté à la Cité la mémoire de la mère. Le cercle, au lieu de la pyramide.

Lydia

— De même avec l'invention de l'écriture. De l'Écriture Linéaire A à la Linéaire B, la mémoire se transforme en système, mais perd quelque chose de l'indicible. Chaque transition est aussi une perte. Ou un nouveau vêtement de l'âme.

Ariane

— C'est pourquoi nos Cités sont devenues aussi des Mythologies. L'Histoire n'est pas née en premier. Le symbole est né en premier.

Alexandre

— Et finalement... chaque Cité est une manière de répéter le Déluge. De se souvenir de la perte, pour ne pas être à nouveau détruit.

La Sphère de l'Eau

L'oasis se tait.Mais ce n'est pas un silence vide.C'est la pause après une grande représentation. L'arène, le domaine des Muses, la Pnyx de l'humanité, les noms qui ont résonné tout semble suspendu autour d'eux... invisibles à leurs yeux. Mais bien présents.

Une sphère d'eau, lente, pulsante, limpide, ondulante comme si elle respirait. Elle ne goutte pas, jamais. Car cette eau pense. Et maintenant, elle pense. Et maintenant, elle se souvient. Et maintenant, elle juge.

Elle ne parle pas par le son, mais par la conscience. Non plus aux héros, mais à nous.

Et elle commence :« Je vous ai observés. Je vous ai enveloppés. Vous ne l'avez pas compris. Et pourtant, il n'y a pas eu un instant où je ne vous ai contenus. Il n'y a pas eu un souffle qui ne battait en moi. Il n'y a pas eu une pensée qui ne se reflétait dans mes tourbillons. Tout ce que vous avez vécu, vous l'avez vécu en moi.

Je suis le miroir de votre passé, le messager de la réminiscence. Moi — l'eau — je n'oublie pas. J'ai vu les Muses vous transformer. Je les ai vues gratter les pierres de vos âmes. Elles vous ont montré ce que signifie être Humain. Pas seulement un corps, mais un Verbe, une Mémoire, une Mesure, une Passion, un Art, un Éros.

Et pourtant, à mesure que je vous regardais, je voyais l'autre vous. Celui que vous étiez. Celui que vous avez oublié. Celui que vous avez trahi.

Et c'est précisément pour cela que je vous ai amenés ici. Non pas pour vous montrer, mais pour que vous vous souveniez par vous-mêmes. Pour que vous affrontiez votre propre reflet,et qu'à travers le miroir des Muses, vous voyiez ce que vous étiez, ce que vous pouvez être, ce que vous ne devez plus jamais devenir.

Car la tragédie n'est pas le mal accompli. C'est le bien omis.

Et la beauté n'est pas le privilège des puissants. C'est la profondeur du faible qui renaît.

Je suis là. Et je ne suis jamais partie. Je coule dans votre sang. Je brille dans vos yeux. Je murmure dans votre voix. Moi — l'eau — je vous remets à votre conscience.

Si vous avez compris ce que vous avez vécu ici, alors vous êtes prêts. Sinon, vous me retrouverez encore sur votre chemin. Car je ne suis pas simplement un élément. Je suis la Mémoire du Monde.

La sphère commence lentement à se rétracter. À se replier vers l'intérieur. Elle retourne d'où elle est venue : en eux.

Et le lecteur reste seul face à une question : Qu'as-tu compris ? Et qui étais-tu dans tout cela ?

UNE GOUTTE D'EAU

La nuit ne tomba jamais. Une lumière douce, sans soleil ni étoile pour source, enveloppait l'Oasis comme un manteau translucide. L'air s'était immobilisé.
Même les feuilles des arbres ne bougeaient plus. Et pourtant, rien n'était figé.

Dans les profondeurs, au-delà du visible, une immense créature sphérique faite d'eau pure s'était formée, lentement, presque imperceptiblement, façonnée par les vibrations des voix, des corps, des émotions. L'Oasis s'était retrouvée prisonnière en elle, sans que les présents ne s'en aperçoivent.

C'était comme si toute la scène avait glissé dans un autre état de matière. Cette sphère liquide n'était pas simplement une molécule d'eau élargie à l'échelle cosmique. Elle était conscience. Un système d'observation, de traitement, de compréhension. Sa voix ne se fit pas entendre. Elle se diffusa.

— Vous, qui croyiez être venus pour vous souvenir du monde, vous avez oublié un instant que le monde aussi se souvient de vous. Pas avec la précision des chronologies, mais avec la vérité des vagues. Pas avec la froideur des preuves, mais avec la chaleur des causes. Vous êtes venus comme formes de vie, chargés du noyau de vos générations. Vous avez bu la Parole des Muses, accueilli la Lumière Morale de l'Art, la responsabilité de l'Histoire,la mélodie du rythme, la flamme de l'Éros, l'ombre de la Tragédie et la Joie de la Réconciliation. Mais ce lieu, cette Oasis, n'était pas la destination. C'était une archive. Un échantillon. Une épreuve de résistance. Résistance à la Vérité.

Le paysage lui-même semblait frissonner. Le sable fut agité par des ondes silencieuses. Les créatures qui avaient vécu dans l'oasis — animaux, spirales de lumière, reflets holographiques — restaient immobiles, car elles aussi participaient à l'expérience.

— Il ne vous est pas demandé de sauver l'Histoire. Ni de restaurer le passé. Il vous est demandé de vous souvenir que l'Eau a toujours été l'Instrument, mais aussi le Joueur. J'étais dans vos inondations, dans vos silences, dans ces actes qui ne reviennent jamais. J'étais le suaire et le berceau, le lavage et la cause. Et je reviendrai toujours pour redéfinir la mesure.

La sphère se contracte lentement. Elle devient une pulsation et disparaît dans les strates de l'air.

Elle laisse derrière elle un son. Quelque chose entre une goutte qui tombe et un pas qui commence.

La matrice de la Réunessence

Une goutte. Autrefois liquide, limpide et parlante. À présent infinitésimale. Silencieuse. Gestante.

Tandis que le Temps déployait ses membranes comme d'immenses voiles translucides, la goutte tournoyait lentement dans un vide spatio-temporel, qui n'était pas vide mais un univers en gestation. Sa matière n'était plus celle de l'eau fluide. Elle était information condensée, matrice et code.

En elle vivait toute une histoire. Le Théâtre ancien de l'Oasis s'était désormais effondré dans la lumière. Les plantes, les créatures, les protagonistes n'existaient plus sous leur ancienne forme. Ils étaient devenus formes de mémoire, purifiées, capables de renaître avec dignité, sans le poids du traumatisme ni celui de l'ignorance.

La Terre, la grande Circulaire, avait accompli son lent cycle. Vingt-six mille ans. Ères glaciaires, désertifications, explosions mais aussi préparations invisibles de trames biologiques et de semences de conscience.

La goutte, comme un proto-cellule, se transfigura en semence. Une semence qui ne germerait pas seulement dans le sol, mais dans le rythme même du temps. Car le nouveau temps n'était pas une continuité. C'était une reprise de l'unité. L'instant où le décompte recommence.

Elle était si petite, presque inexistante Une goutte nanométrique portant en elle la gravité d'un univers. La vibration des anciennes âmes, le souvenir diffus du Verbe, l'aura des Muses, la patience enfantine des héros.

Elle était la semence de l'ascension d'un monde qui avait glissé, disparu, été sauvé, puis mûri.

Le temps s'était replié. Il avait ralenti à l'intérieur de l'Oasis pour donner à l'âme le temps de comprendre, de guérir, de se souvenir.

Et maintenant, aux confins d'un nouveau Cycle Cosmique, dans les entrailles de la matière, au sein du tissu primordial de la Terre nouvelle, la goutte trouva enfin la cavité qui l'attendait.

La matrice de la Réunessence.

Elle n'apportait pas seulement de l'information. Elle apportait discernement, choix, sens. Elle activa le premier frisson de vie dans le nouvel univers, par la question : « Quelle est l'existence juste ? »

La question se déplia en milliers de variantes : Qu'est-ce que l'Amour sans Égalité ?

— Qu'est-ce que la Liberté sans Responsabilité ?

— Qu'est-ce que la Connaissance sans Sagesse ?

— Qu'est-ce que la Mémoire sans Transmutation ?

Le monde nouveau tout entier commença à se recomposer, non pas simplement à partir de molécules et de structures, mais à partir de significations.

Les lois de la nature n'étaient plus seulement des chiffres et des rapports ; elles étaient des propositions de symétrie morale, des récits d'auto-connaissance de l'univers.

Et la première entité qui s'éveilla dans ce monde nouveau ne demanda pas : « Qui suis-je ? » Mais bien : « Que dois-je devenir pour honorer ce qui m'a précédé ? »

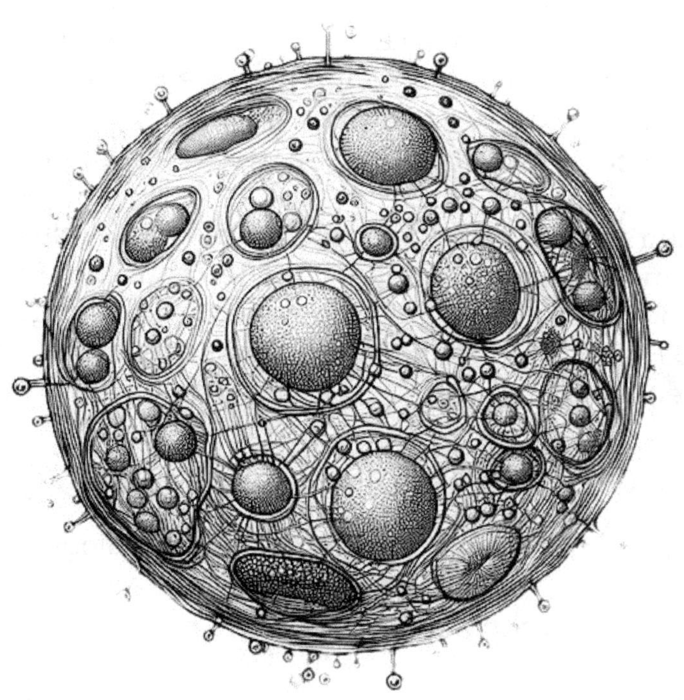

La Matrice

La matrice qui attendait la goutte avait elle aussi traversé sa propre caverne obscure du temps, sa nuit de purification. Elle avait abandonné ses anciennes rouilles, ses souillures, ses déformations. Le cycle des glaciations avait poli ses surfaces, effacé les empreintes de l'excès et de l'égoïsme. Elle était désormais prête. Pure. Élevée. Réconciliée avec sa propre obscurité, avec l'oubli qu'elle portait, avec la peur qui l'avait autrefois séparée du Tout. Elle n'était plus une simple terre. Elle était un Berceau. Un Espace conscient de sa mission : accueillir le futur en puissance avec honneur pour le passé. Et la rencontre eut lieu.

La goutte, semence du sens. La matrice, sol de lumière. L'instant, noyau du commencement.

Ce ne fut pas une simple incubation biologique. Ce fut une conception ontologique. De cette union émergèrent d'abord les formes sans corps. Les Idées. Les Principes. La Justice. La Miséricorde. La Tempérance. La Responsabilité. L'Humour, même, et la Mélancolie. Vibrations de sens, avant même de devenir vie. Puis vinrent les archétypes de la matière : Des racines sans plantes. Des ailes sans oiseaux. Des cœurs sans organisme.

Et ce ne fut qu'alors, comme l'Écho d'une décision antérieure à la création, que surgirent les premières formes de vie. Des êtres sans peur, sans mémoire de culpabilité, guidés uniquement par la reconnaissance de leur responsabilité de poursuivre le Monde. C'étaient les enfants de la Ré-Unification. Non pas de ceux qui “sont devenus”, mais de ceux qui “deviennent sans cesse”.

Nouvelles formes de vie

La sagesse, désormais libérée des exigences de ses créations passées, prit à son tour ses « mesures », et orchestrant son imagination, elle franchit un nouveau palier. Et elle créa de nouvelles formes.

Sensibleux :

Des êtres dotés de sens non pas seulement pour reconnaître le monde, mais pour en être émus. Ils perçoivent l'injustice comme une douleur physique, et la joie comme une musique intérieure.

Harmonides :

Des créatures végétales semi-transparentes qui ne produisent couleur, lumière ou fruits que dans la cohabitation. Elles symbolisent la création par la relation.

Échospermes :

De minuscules êtres qui ne se reproduisent qu'en entendant la vérité. Ils vivent dans des environnements sonores et s'activent par le langage du cœur.

Photonides :

Des formes d'énergie qui ne se matérialisent que dans l'empathie. Elles ne peuvent prendre forme que si elles sont appelées par une pensée sincère.

Noétifères :

Des créatures nourries uniquement d'idées. Elles ne se sustentent pas de matière, mais de pensées pures et désintéressées. Plus une conception est authentique, plus ils rayonnent. À l'inverse, ils se flétrissent s'ils se nourrissent d'égoïsme ou de mensonge. Les Noétifères sont des reflets vivants de l'intelligence morale de l'univers.

Mnémosemences :

Des créatures hybrides entre matière liquide et solide. Chaque goutte de leur corps contient la mémoire d'époques, de mondes, d'amours, de guerres et de récits. En contact avec d'autres formes de vie, elles partagent des souvenirs avec empathie. Elles sont les gardiennes naturelles de la mémoire, pour que les mêmes erreurs ne se répètent pas.

Êtres Lyriques :

Des entités qui n'existent qu'en rythme. Si le rythme se brise, elles perdent leur équilibre et se dissolvent. Elles restent silencieuses si on ne les approche pas avec amour ou poésie. Les mots sont pour elles matière de construction. Un son discordant les blesse, une belle métaphore leur donne des ailes.

Cosmodonateurs :

Des créatures qui perçoivent l'harmonie de l'univers comme un devoir. Gardiens des proportions et des équilibres, ils ne commandent ni n'imposent, ils existent simplement pour restaurer la symétrie. Lorsqu'une chose dévie de sa place cosmique, ils apparaissent comme rappel de la mesure.

Bénévolents :

Incarnations de l'intention bienveillante. Ils n'ont pas de forme fixe car ils prennent celle dont l'autre a besoin. Ils ne parlent pas, mais agissent, comme une présence qui apaise, inspire ou guérit simplement par son existence. Rares et toujours éphémères.

Spermamnémons :

Ils vivent sous terre et sont les gardiens du savoir de chaque semence. Ils savent quelle plante porte la sagesse de la résilience, laquelle garde la mémoire de la lumière, et laquelle peut nourrir corps et âme. Ils ne se développent que s'ils ressentent une intention véritable de cultiver, et non d'exploiter.

Chronoculteurs :

Des entités qui ne sèment pas dans la terre mais dans le temps. Elles plantent des instants, les arrosent de sens, et lorsqu'arrive le moment juste, ils fleurissent en rencontres ou révélations cruciales. Essentiels pour préparer les nouveaux humains, ils enseignent à la civilisation à ne pas accélérer, mais à mûrir.

Feuilles-Conscientes :

Des plantes raffinées qui changent de couleur et de texture selon l'état psychique de leur environnement. Elles forment des consciences écologiques avec des paysages entiers, les rendant sensibles à la douleur ou à la joie. Ce sont les premiers alliés des nouveaux humains dans la culture de l'écologie intérieure.

Anti-échos :

Des fréquences invisibles qui contrebalancent chaque mot ou acte désaccordé. Ils ne punissent pas. Ils re-syntonisent. Quand quelqu'un agit par colère, les Anti-échos réajustent la vibration au cœur. Essentiels pour empêcher le retour à l'ancien égoïsme.

Pré-Humanoïdes (ou Ombres de l'Humanité à Venir) :

Des êtres-projections du futur. Ils apparaissent sous forme d'enfants ou de vieillards, toujours porteurs d'un symbole du nouvel humain : transparent, coopératif, symbiotique et non-dominateur. Ils ne dirigent pas, ils laissent des traces et des questions. Comme des cartes de conscience.

L'Oasis dormait. Et pourtant, quelque chose changeait.

La terre exhalait une chaleur imperceptible. Non pas celle du soleil, mais celle d'une intention. Une lumière encore incolore commençait à se répandre, comme si l'aube avait oublié sa clarté dans un état de douceur suspendue.

C'est alors qu'ils apparurent. Deux formes.

L'une, basse, presque souterraine. Une racine anthropomorphe, au visage profondément creusé, tel une antique olive. Elle ne marchait pas : elle poussait. Elle émergeait lentement de la terre, tenant de petits noyaux, semblables à des graines de mémoire.

C'était un Spermamnémone.

À ses côtés, grande, semi-transparente, comme tissée de fils vibrant au rythme des étoiles, se tenait une

Chronocultivatrice.

Ses yeux ne regardaient pas devant. Ils regardaient à l'intérieur des siècles à venir. Chaque pas qu'elle faisait laissait sur le sol des traces d'événements encore à naître.

Nos héros, toujours plongés dans un sommeil qui guérissait et achevait leur préparation, ne les voyaient pas. Mais la goutte – l'œil aquatique qui observait désormais avec une immobilité divine – enregistrait.

Et elle murmura au lecteur :« Là où la mémoire rencontre le futur, naît l'Homme nouveau. Là où le temps ne mesure pas des instants mais des desseins, l'Essence commence à fleurir. Tout ce que vous avez vécu n'est que le prologue. Et ces créatures ne sont pas des maîtres, mais des cultivateurs de sens. »

Le plan de l'eau a, cette fois, veillé à ce que le hasard soit réduit à presque rien. Et il a aussi créé les entités suivantes :

Les Aïdophorès

Les gardiens de la Mesure et du Respect. Formes éthérées, aux contours translucides oscillant comme les vagues en harmonie stable. Là où ils apparaissent, les structures ne débordent pas, ne s'effondrent pas. Ils construisent le Nouveau Monde avec la conscience de l'espace de l'autre, avec pudeur, avec reconnaissance des limites.

Les Néphylacteurs

Messagers de la première impression et du commencement pur. Petits êtres, lumineux comme des étincelles, errant à travers les neurones de la conscience en formation, protégeant les premières expériences. Tous les êtres vivants porteront en eux une trace de ces entités, afin de se souvenir de ce que c'est qu'apprendre sans peur ni honte.

Les Synchronistes Empathiques

Ils relient les intentions, pas seulement les actes. Ils créent entre les nouveaux êtres un « champ de synchronisation » où l'empathie n'est pas un choix, mais une condition naturelle. En leur présence, les créatures ressentent l'intérieur de l'autre avant d'agir. Le mensonge n'existe plus. Il n'a pas besoin d'être interdit, car il ne peut tout simplement pas exister.

Les Chronolèctes

Collecteurs et sculpteurs du Temps. Entités à forme d'horloges spiralées, dont chaque tour enregistre et traduit différemment le rythme d'une civilisation. Ce sont eux qui veillent à ce que le Temps ne domine pas, mais serve. Chaque espèce aura son propre rythme de maturation et de mémoire.

Les Silencieux Distinctifs

Ils portent la Capacité du Silence et du Discernement. Ils ne parlent jamais, mais là où ils sont, l'intention se distingue de l'illusion. Ils sont l'antidote à la confusion. Là où les autres voient du brouillard, eux révèlent la clarté. Leur présence rend la vérité… manifeste.

Ces êtres, comme les précédents, ne fonctionnent pas comme des races dominantes, mais comme des puissances, des archétypes collectifs qui habiteront à l'intérieur et entre les nouveaux êtres, produisant un nouveau champ moral.

Phase finale

La minuscule gouttelette, presque invisible à l'échelle, portait en elle l'univers entier. Non seulement des images, des espèces ou des formes, mais aussi des fréquences, des sons, des réseaux conceptuels, et surtout... des intentions. Elle était la totalité d'un monde qui avait déjà existé, souffert, été éprouvé, et qui, finalement, s'était réconcilié avec lui-même.

Et plus les êtres qu'elle engendrait respiraient sans poumons, aimaient sans possession, se tenaient sans peur et convergeaient sans frontières, plus les parois temporelles de la goutte se dilataient. Toujours plus doucement. Toujours plus délicatement. Jusqu'à ce que la membrane transparente n'enferme plus un monde, mais soit Le Monde.

Elle était la Terre nouvelle elle-même. Un monde guéri géologiquement et ontologiquement. Un corps ayant réintégré en lui les créations autrefois dispersées. Celles qui jadis combattaient, divisaient, dominaient ou étaient rejetées. Désormais... elles se réunissaient.

La goutte-matrice avait accompli sa mission : elle s'était transformée en terre et en racine, en air et en photon, en son et en sens. Et tous ses enfants s'étaient intégrés à son corps, non comme des composants, mais comme des co-essences.

C'était le miracle de la Ré-essence.

Et quelque part, profondément enfoui dans les nouvelles couches de cette Terre unifiée, résonnait encore un ancien chant d'eau, devenu parole :

> « Ils ne sont pas nés pour répéter, mais pour redonner du sens. Ils ne sont pas venus pour survivre, mais pour affirmer que la vie... peut devenir Parole».

Le Cercle de la Reconnaissance

La terre était encore douce, comme la peau d'un monde nouveau-né. Il n'y avait pas de routes. Seulement des traces de pas fraîchement formées.

Les premiers rayons de la nouvelle énergie effleuraient le silence. Et au sein du cercle, ils se rassemblèrent. Pas seulement les héros que nous avions connus. Mais aussi de nouveaux êtres. Des formes de vie faites de matière et d'idée.

Un à un, ils s'approchaient du centre. Sans ordre, sans autorité. Guidés uniquement par l'élan de la mémoire.

Lydia, tenant une feuille semi-transparente aux fibres semblables à des veines de lumière :

— J'apporte le droit de réécrire notre vie sans les ombres qui ne nous appartiennent pas. Rien ne s'efface, mais tout change de forme pour continuer sans douleur.

Alexandre, les doigts trempés dans une goutte de l'ancien fleuve :

— J'apporte la mémoire de l'eau. Qu'elle se souvienne pour nous, lorsque nous souffrons trop pour le faire.

Héraclios, une forme faite de cellules de lumière palpitant comme un souffle :

— Je porte l'ancien besoin de domination. Je ne l'oublie pas. Je le transforme en soin.

Sibylle, fille de la bouche des vents et des paroles non écrites :

— J'ai transporté des histoires sans écriture. Maintenant, je les sème comme un bruissement dans les feuilles. Pour que les futurs apprennent sans être enseignés.

Le petit Astrion, né au sein de la goutte :

— Je n'apporte pas le passé.Je suis la forme de l'avenir qui a choisi de naître de l'amour.

Le cercle se refermait lentement, illuminé d'une lumière émanant de la Terre elle-même ; comme si la matrice répondait à chaque offrande intérieure. Une lumière qui reconnaissait — et non simplement acceptait — le fruit qui lui était offert.

Et lorsque le dernier se tut, un bruissement parcourut le paysage. La goutte était devenue racine, la racine fruit, et le fruit... une nouvelle ère.

Leurs pieds effleurèrent le sol comme s'ils craignaient de le briser. Il n'y avait pas de gravité , ou du moins, pas telle qu'ils la connaissaient. La Terre les accueillait non comme une masse, mais comme un souffle. Chaque pas, au lieu de s'enfoncer, s'élevait.

Et les premières couleurs n'étaient pas exactement des couleurs. C'étaient des idées de couleurs.

Le vert n'était pas vert. C'était « commencement ».

Le bleu était « attente »

Le pourpre était « écho »

Alexandre ramassa une poignée de terre. Rien ne resta dans sa main. La terre ne voulait pas être retenue.

— Ce n'est plus de la matière. C'est une information pure sur ce qui vient.

Lydia s'agenouilla près d'un lac, où les eaux changeaient de forme sans perturbation. Chaque reflet sur son visage était une version possible d'elle-même.

— Il nous appelle à devenir ce que nous sommes. Pas ce que nous étions.

Un vent commença à souffler. Non pas d'un point précis, mais de partout, comme si l'air portait des mots, avant même que quelqu'un ne les prononce.

Et alors, ils comprirent :

La Nouvelle Terre n'était pas là pour leur être donnée. Elle était là pour les reconnaître, une fois qu'ils seraient prêts à se présenter à elle, comme les fruits du monde précédent.

La Première Interaction

Une forme de vapeur demeurait là, immobile.

Alexandre ressentit le besoin de tendre la main, mais ne le fit pas. Il savait, sans que personne ne le lui dise, qu'on ne demandait pas de contact, mais de reconnaissance.

Lydia fit un pas en avant, et alors l'espace commença à résonner.

Une bioluminescence d'images remplissait l'air :

- des arbres qui fleurissaient et se desséchaient en quelques secondes,
- des animaux aux yeux humains,
- et des villes faites de matériaux jusqu'alors inconnus.

Puis une voix résonna en eux :

— Le temps n'attend pas d'être interrogé. Il attend d'être compris. Vous n'êtes pas appelés à survivre. Vous êtes appelés à traduire.

Lydia n'hésita pas. Elle demanda, à voix basse, presque avec honte :

— Quel est le sens de ta présence ?

Une forme se matérialisa soudainement à partir de minuscules gouttelettes en suspension, et l'espace se fissura d'une lumière :

— Je suis l'eau qui se souvient. Mais aussi la lumière qui choisit. Je suis venu voir si vous êtes prêts à comprendre et à cohabiter avec ce qui naît.

Alexandre regarda Lydia. Il n'avait pas besoin de lui parler. Ils savaient tous les deux.

La forme alors s'ouvrit, s'étendit en les enveloppant,

Et ils se retrouvèrent à voir en elle :

— Une petite graine.

— Une cellule avec une voix.

— Un monde entier nouveau, enveloppé dans des gouttelettes.

La voix se fit entendre une dernière fois, avec des tons universels :

— Si vous me comprenez, je vous ferai confiance.

Si vous prenez soin de moi, vous existerez.

Si vous me blessez, je reviendrai.

Mais pas en tant que lumière. En tant que purgatoire.

Et alors, les milliers de petites gouttelettes, craquèrent dans l'espace comme des décharges électriques,

avant de se réunir en micro-ensembles et de disparaître dans la terre.

Le Silence Transformé

L'espace retrouva son silence, mais ce n'était plus le même. Comme s'il avait été emprisonné pendant des siècles et qu'il était maintenant libéré.

Alexandre resta immobile. Ses yeux étaient ouverts, mais ils voyaient quelque chose qui n'était pas devant lui.

Une vague de crainte, qui n'avait rien de religieux. C'était une conscience pure et brute.

Lydia toucha le sol. Elle voulait sentir si quelque chose avait changé. Mais le changement s'était produit en elle. Son cœur battait à un nouveau rythme, un nouveau tempo.

— C'était comme si quelque chose m'avait découverte, avant que je ne découvre la question, dit-elle doucement.

Alexandre ne répondit pas. Il ne savait pas comment. Il sentait que quelque chose avait brisé en lui la coquille qui enfermait l'ancien. Et maintenant, sans s'en être rendu compte, il se trouvait nu devant sa véritable responsabilité.

Au même moment, ceux qui se trouvaient dans l'Oasis ressentaient une synchronisation. Ils n'avaient échangé aucun mot, mais se regardaient les uns les autres, avec le regard des vivants qui viennent de rêver le même rêve.

Et c'était ce regard qui engendrait la première communauté. La communauté de ceux qui avaient vu l'Eau penser et ne pouvaient plus ignorer leur existence.

Alors naquit le premier mot. Lydia le prononça sans savoir pourquoi :

— Empathie.

Et la terre sous ses pieds fleurit sans graine. Dans le silence, qui devenait de plus en plus dense, seules les pensées parlaient.

Alexandre (en lui-même) :

«Si ce que nous avons ressenti était la Vérité... alors quelle partie de moi vivait dans le mensonge ? Qui m'a appris à appeler vie ce qui ne faisait que passer ? Et si maintenant la vérité me revient... que signifie « la garder » ? Ou dois-je me laisser changer... avec elle» ?

Lydia (en elle-même) :

«Je ne suis plus la fille qui portait des souvenirs. Je suis une vague dans l'eau. Combien de mes erreurs étaient des mots qui ne m'appartenaient jamais ? Et maintenant ? Maintenant que tout se tait, que vais-je dire au nouveau monde ? Peut-être ne devrais-je rien dire ? Juste écouter» ?

Alexandre :

«Je n'ai plus peur de la transformation. Si cette Goutte a contenu un monde entier en elle, je peux aussi contenir mon nouveau moi. Je n'ai plus peur de la métamorphose. Si cette Goutte a contenu un monde entier... je peux, moi aussi, contenir mon nouveau moi».

Lydia :

«Je ne suis pas venue pour être sauvée. Je suis venue pour comprendre comment nous pouvons nous sauver ensemble».

La goutte s'ouvrit. Une ouverture sans rupture.

Un déploiement, comme s'ouvre un pétale avant que le matin ne paraisse. La coquille aqueuse, pure comme un cristal d'éthique, se transforma en horizon. Et derrière elle, un monde sans la moindre trace du poids du passé. La nouvelle Terre. Elle semblait intacte, car son histoire avait été purifiée.

Les plantes, formes de géométrie inconnue jusque-là. Certaines semblaient des flammes en spirale, d'autres comme de petits soleils multicolores et d'autres encore, exhalaient des harmonies au lieu de parfums. Leur musique ne s'entendait pas avec les oreilles, mais se voyait avec les yeux.

Les animaux, créatures de sagesse : certains marchaient comme s'ils écrivaient de la poésie avec leurs pas, d'autres avaient un regard qui traversa Alexandre et Lydia, comme s'ils voyaient directement leurs souvenirs et les bénissaient, il y avait aussi des êtres sans forme, qui passaient entre eux comme une sensation de bonté.

L'atmosphère n'était pas de l'air. C'était un souffle de pureté. Elle sentait la lumière liquide, l'attente, le commencement. Et derrière eux, la Goutte se contracta en une molécule du nouveau monde. Elle ne disparut pas. Elle ne s'effaça pas. Elle devint une nouvelle mémoire, qui n'avait plus besoin d'être portée. Seulement de fructifier.

Alexandre fit un pas et s'arrêta. La terre était chaude. Il n'y avait pas de sol, mais quelque chose qui rappelait de l'eau solidifiée en lumière et qui reposait patiemment sous leurs pieds.

Lydia s'agenouilla. Elle toucha une plante qui ressemblait à une plume cristallisée. Et la plante répondit. Elle s'ouvrit doucement, sans se briser. Et en son cœur, une goutte dansait. Un son s'éleva. Ni souffle, ni musique, mais quelque chose entre un souvenir et une promesse.

Ils se regardèrent. Sans mots. Leurs regards ne cherchaient plus des réponses. Ils cherchaient une manière de rendre en retour.

Alors, au milieu du pré de lignes lumineuses, une créature apparut. De taille humaine, mais transparente. Comme un miroir de conscience, une graine de coexistence. Elle n'avait ni sexe, ni âge. Et pourtant, elle portait en elle quelque chose d'antique, quelque chose de sage. Elle se tint devant eux, ferma les yeux — si c'en étaient — et parla sans bouche :

« Corps qui avez reçu la pureté. Mémoire qui a porté fruit. La première parole n'est pas un ordre. C'est une invitation. Souhaitez-vous vous souvenir de comment vivre sans oublier pourquoi ? »

Et cette question… fut la nouvelle Initiation.

L'empreinte de la goutte demeura quelques instants dans l'air, comme une matrice translucide qui ne voulait pas se séparer de son œuvre. La Terre l'enlaça comme un enfant qui revient régénéré.

Les héros restèrent silencieux un moment. Et ils sentirent que tout se disait en eux en même temps.

Puis, la nature commença à se balancer doucement, dans des mouvements trahissant une sobriété et une pleine conscience.

La Réaction de la Nouvelle Nature

Les arbres, ceux qui ressemblaient à des arbres, ne faisaient pas frémir leurs feuilles sous le vent, mais créaient le vent par leur souffle. Le soleil, s'il s'agissait bien du soleil, n'éclairait pas seulement. Il communiquait. Ses rayons touchaient la peau comme des pensées.

Les pas d'Alexandre et de Lydia sur cette terre vierge, bien qu'ils ne laissaient aucune trace, devenaient prétexte à la métamorphose de la nature.

Des fleurs éclosaient sous leurs plantes, célébrant à leur manière l'accueil. De petites créatures semblables à des graines sautaient autour d'eux. Elles les reconnaissaient. C'était comme si cette Terre avait été elle-même conviée par la goutte à revivre. À revivre autrement. Et ses créatures n'attendaient pas d'ordres. Elles possédaient une sagesse innée. Une petite entité volante, au corps de lumière et à la forme irrégulière, s'approcha d'Alexandre et lui «murmura» à travers des pulsations :

« Ta présence nous a permis de prendre forme. Nous sommes le fruit de ton intention. »

Lydia regarda l'horizon.

— Le monde n'est pas là pour nous définir. Nous sommes ici pour le définir avec lui, dit-elle lentement, comme si elle se souvenait de quelque chose de très ancien.

En avançant dans ce nouveau monde, il n'y avait pas de sentiers. Pourtant, la terre sous leurs pieds formait de douces courbes, comme si elle connaissait leurs intentions. Aucun obstacle ne résistait. Chaque forme de vie coopérait avec le chemin.

Des êtres étranges, ni animaux ni plantes, mais quelque chose entre les deux, étaient organisés en petites sociétés. Ils formaient des ensembles, non des structures. Chaque groupe avait sa propre irradiation, jamais au détriment d'un autre. Leurs frontières ressemblaient à des ondulations.

Lydia :

— Il n'y a pas de lois ici, et pourtant tout fonctionne en harmonie...

Alexandre :

— Pas la responsabilité. La participation. Chaque être ici choisit d'appartenir. Et c'est dans ce choix qu'il trouve sa liberté.

Lydia fit remarquer :

— Le concept de rareté n'existe pas. Parce que la propriété n'existe pas.

À l'ombre d'un arbre, ils aperçurent de petits organismes ressemblant à des enfants.

Ils n'avaient pas de sexe. La connaissance se transmettait entre eux par le contact. Il n'y avait pas de mots, seulement une mémoire transformée en expérience.

La Muse Calliope, qui les suivait de manière invisible, se matérialisa quelques instants et leur murmura :

« Ici, la Poésie n'est pas un art. C'est une méthode de survie et de création. Ici, il n'y a pas besoin de tribunal. L'erreur est corrigée par le consentement silencieux de tous. Il n'y a pas de peine, parce qu'il n'y a pas de peur. »

Et alors, tous levèrent les yeux. Un essaim d'êtres ailés dessinait une coordination géométrique dans le ciel. Un poème circulaire en mouvement, un rappel que le rythme, ici, est un code de vie.

Le Reflet et la Métamorphose

Il n'y avait ni début ni fin à cette journée. Le soleil du nouveau monde paraissait immobile, sans variation, comme s'il irradiait depuis leur propre intérieur. En marchant, Alexandre sentait la gravité diminuer, dans son corps mais aussi dans ses pensées. Quelque chose en lui semblait faire ses adieux à l'ancien monde.

Ses pas le conduisirent devant un lac naturel, pur comme du cristal, mais ce n'était pas de l'eau. C'était comme un miroir.

De différents points de l'espace environnant, des rayons de lumière tourbillonnent, avec un son qui rappelait une ode originelle. Le lac s'ouvrit en son centre. Et de cette ouverture émergea un être nouveau. Il était humain. Ses yeux ne reflétaient pas la lumière, mais le regard de l'autre. Sa peau était semi-transparente, laissant entrevoir un flux de sang. Tout ce qui l'approchait entrait en résonance.

Tous se turent. Même la nature alentour retint son souffle sonore pour ne pas troubler l'instant.

Alexandre sentit en lui une déchirure libératrice. Comme un ancien vêtement qui cédait. Ses mains luisaient légèrement, d'une phosphorescence douce.
C'était la première fois que l'Homme devenait simultanément lieu, relation et cause.

L'Être se tient devant eux, le regard paisible comme un ciel sans nuages. L'air autour de lui vibrait, comme des ondes sonores devenues mots dans leur âme.

Alexandre (ému) :

— Qu'est-que tu es ? D'où provient cette lumière ?

Le Nouvel Être :

— Je suis la lumière que tu as laissée derrière toi sans l'étudier. Je suis ton autre moi que tu oubliais, chaque fois que tu t'éloignais de l'essentiel. Je ne suis pas venu. Je suis apparu du champ quantique, parce que vous m'avez rappelé. Je suis toutes les potentialités, lorsque vous n'étiez encore qu'une idée dans la goutte.

Alexandre :

— Qui vivra ici avec toi ? Y a-t-il encore un autre monde ?

Le Nouvel Être :

— Le monde ne finit ni ne commence. Il se ré-accorde. La goutte est devenue un mécanisme de sélection. Elle a conservé ce qui avait la volonté de se transformer. Les plantes, les animaux, les substances et l'âme de votre terre se sont accordés en un nouveau corps symphonique.

L'Homme n'existera plus comme avant. Il coexistera comme unité.

Alexandre (comme s'il se parlait à lui-même) :

— Et nous ?

Le Nouvel Être :

— Vous êtes ceux qui ont assumé la responsabilité d'exister sans posséder. La ré-essentialisation (l'Épan-oussiossis) n'est pas un don. C'est la récompense de la sincérité.

La lumière qui entourait sa forme commença alors à se détacher de son contour. Sans bruit, sans aucune perturbation. C'était comme si sa présence s'effaçait parce que son but avait été accompli. Son corps ne s'éteignit pas. Il devint fréquence, bondissant dans la neuvième dimension et traversant les corps des présents, comme s'il résonnait en eux depuis longtemps.

Et alors, on l'entendit une dernière fois :

Le Nouvel Être (comme un son) :

— La présence n'habite pas la durée. Elle réside dans la décision d'apparaître seulement quand le silence en a besoin. Votre œuvre est de ne pas oublier la qualité de ma présence sincère. Et que la Vérité se fasse entendre sans peur.

Et elle se diffusa instantanément dans toutes les directions.

Lydie et Alexandre comprirent alors que tout ce qui était né dans la goutte n'était pas perdu. Cela circulait déjà dans le nouveau monde, diffusé et disponible.

La Résonance Intérieure

Le son de l'Être flottait encore dans l'atmosphère, comme un dernier souffle resté silencieux, mais impossible à ignorer. Personne ne parla pendant un long moment.

Alexandre regarda autour de lui. Les regards des autres étaient baissés, chargés de respect et de révérence. « Il n'était jamais venu pour rester... », pensa-t-il. « Il est venu pour nous donner une idée de ce que peut être l'homme, quand il n'est plus prisonnier de lui-même. »

Lydia sentit son souffle se synchroniser avec l'air. Son corps — pour la première fois — ne ressentait ni poids, ni besoin de se mouvoir. « C'était la pureté. Un miroir, qui ne nous a pas montré ce que nous étions, mais ce que nous devons devenir. »

Damos, qui avait tout vu lui aussi, mais avait choisi de ne pas intervenir, toucha le sol de la paume de sa main et murmura sans être entendu : « Il a semé quelque chose en nous. Et il l'a laissé mûrir comme mûrit une graine, en silence, lentement. »

Nul ne savait si cet instant avait duré des minutes ou des siècles. La goutte avait disparu, mais ce qu'elle représentait ne s'était pas éteint. C'était maintenant en eux. C'était désormais l'atmosphère elle-même.

Et ainsi, quelque chose bougea pour la première fois à la périphérie.

La lumière entre les feuillages prit une autre tonalité, plus chaude, plus mûre. La terre commença à respirer selon un nouveau rythme. Le Nouveau Monde avait déjà commencé.

Le Soleil du Matin

Le soleil du matin il éclaira la surface d'un monde qui venait tout juste de naître. Sans bruit, sans drame, mais avec cette certitude discrète que seule la nature connaît. Tout est prêt lorsque tout est mûr.

La sensation était étrangement légère. Comme s'ils laissaient derrière eux non seulement la goutte, mais toute forme de gravité qu'ils avaient jusqu'alors considérée comme acquise.

Leurs pas résonnaient sur un sol sans histoire.

Alexandre fut le premier à s'arrêter devant une plante. C'était comme un arbre, mais son feuillage changeait de couleur selon le regard.

— Cela n'imite rien de ce que nous connaissions. Cela ne tente pas de ressembler. C'est authentique.

Lydia observa un buisson gris portant des gouttes d'eau, alors qu'aucune humidité n'était présente. Elle tendit la main, mais l'eau disparut aussitôt, comme si elle lui murmurait :

— « Ne me prends pas. Je suis là pour que tu voies que j'existe, non pour que tu me consommes. »

Damos, découvrit ce qui semblait être un nid. De minuscules créatures aux ailes translucides et aux yeux lumineux dormaient à côté de pierres qui les protégeaient par leur agencement sur le sol vivant. Il ne les effraya pas. Et elles non plus ne le craignaient pas.

« Ni proie, ni prédateur. C'est la première fois que je ne connais pas mon rôle ».

Et alors, tous réalisèrent qu'il n'y avait pas de frontières. Aucun programme. Personne ne leur avait donné d'ordres. Le Nouveau Monde n'exigeait rien. Il était là.

Et dans cette présence silencieuse naquit leur toute première décision :

« Nous allons créer, non pour survivre… mais pour évoluer ».

« Non pour dominer… mais pour nous synchroniser ».

« Non pour accumuler… mais pour offrir ».

C'était le premier jour. Un jour sans mort, sans possession, sans victoire. Rien qu'une vérité.

Le Cercle de l'Intention

Le matin n'était plus une surprise.

Alexandre se réveilla l'esprit clair :

« Il n'y a aucune mémoire qui nous lie. Et pourtant, je ressens le besoin de laisser derrière nous des actes. Pas pour les suivants. Mais pour nous-mêmes ».

Lydia proposa que tous se rassemblent dans un cercle naturel de roche, là où le sol formait, sans intervention humaine, une coupole ouverte, comme une Pnyx de pierre et de lumière verte. Ils l'appelèrent le Cercle de l'Intention.

Ils ne firent pas de recensement. Ils ne comptèrent pas les membres. Il n'y avait pas de dirigeants. Seulement ceux qui avaient quelque chose à dire et qui voulaient être entendus.

Le premier à parler fut un jeune homme, Orphée, venu des gens de la Magna Grecia, dans les yeux duquel brillait la mer de Calabre :

— Si ce monde est créé sans besoin de pouvoir, alors commençons par l'art. Commençons par un son. Un symbole. Une voix qui n'ordonne pas, qui n'exige rien...

Sophie, une jeune femme au teint brun venue d'Asie Mineure, leva la main :

— Plantons. Mais plantons non seulement pour nous nourrir. Plantons d'abord pour voir ce que choisit de devenir la graine. Apprenons de ses choix.

Damos ajouta :

— Ne construisons pas de maisons. Laissons d'abord le corps choisir où il se sent en sécurité. Puis, bâtissons selon la lumière et l'eau.

Lydia compléta :

— Fixons chaque semaine un nouveau Cercle. Chaque thème — Contact, Mémoire, Coexistence, Temps, Métamorphose — devrait émerger des besoins, non des calendriers.

Et ainsi commença le premier Cercle. Il n'y eut ni applaudissements, ni votes. Rien qu'un accord profond entre les consciences.

Alors résonna soudainement, angélique, la voix de la Goutte :

— Je ne suis pas un Dieu. Je suis le premier témoignage. Je n'ordonne pas. Je suis juste mémoire. Et dans ce que je me souviens, le monde retrouve son sens. Ne m'adorez pas. Traduisez-moi. Et quand vous m'aurez comprise, vous n'aurez plus besoin de moi.

La Chute du Logos

Nous vivons à une époque où les mots se sont usés, perdant ainsi leur stabilité. Ils se sont détachés des choses, éloignés de leur essence. Nous avons dit « démocratie » et avons voulu dire affrontement de mécanismes. Nous avons dit « justice » et avons conçu des... algorithmes flous. Nous avons dit « homme » et nous avons imaginé des hyper-consommateurs.

Mais lorsque le lien entre le signifiant et le signifié se rompt, le monde cesse de se comprendre lui-même. Ce n'est pas un accident philologique. C'est le début de l'oubli, du déclin, de l'autodissolution.

La Grèce et nous ne parlons ni de l'État, ni uniquement du peuple, mais du phénomène de la Grèce en tant que pensée, a existé dans l'Histoire comme un lieu où le mot et la chose, le signifiant et le signifié, étaient presque un. Langue et réalité coexistaient avec une telle précision, que l'esprit humain pouvait analyser, méditer et se reconnecter avec le Tout. C'est cela le seul vrai progrès : le retour à la précision sémantique. Une langue qui ne dissimule pas, mais révèle. Qui ne déforme pas, mais interprète — et mieux encore — qui formule et scelle le Sens, la Connaissance, l'Étymon, c'est-à-dire le Vrai.

Tel était aussi l'enjeu du monde que nous venons de laisser derrière nous dans les pages de cette œuvre. Une goutte d'eau a conservé toute la Mémoire. Non pas pour regarder en arrière, mais pour sauvegarder le Sens. Car sans Sens, tout nouveau départ est condamné à devenir une régression, jouant au ping-pong avec l'Erreur pour balle.

Le nouveau monde qui est né n'est pas une utopie. C'est une responsabilité. Il ne repose pas sur la violence de l'imposition, mais sur l'offrande volontaire. Il ne possède pas d'institutions contraignantes, mais des consciences. Il n'a pas de frontières, mais des points d'accord. Il n'a pas besoin d'inventer des valeurs, mais seulement d'honorer celles qui existaient déjà et que nous avons oubliées.

Cette œuvre n'est pas un conte de science-fiction. C'est un avertissement et un espoir. Un rappel que le monde ne se sauvera pas par des interventions technologiques, mais par des conversions de sens. Et s'il existe un mot-graine pour l'avenir, ce mot n'est autre que Vérité.

Autrefois, l'Occident était l'amant de l'Orient. Fasciné par sa sagesse, il étudia Platon, fonda ses bases sur la logique aristotélicienne et érigea ses temples de la pensée sur des mots grecs : démocratie, cité, éthique, âme, cosmos, harmonie. Ce n'étaient pas de simples mots, mais des visions du monde. Des projections de l'Être. Porteurs des germes d'une civilisation qui imaginait l'homme, non comme un chiffre ni comme une unité de production, mais comme un être participant à la vérité.

Avec le temps, ce lien s'est relâché. Peut-être — ou sans doute — à cause précisément de son innovation. Elle aussi avait sa durée de vie inscrite dans la loi du destin.

Dans sa quête de puissance et de contrôle technologique, l'Occident, qui n'a pas compris le message, a rejeté l'éthique de sa naissance. La logique est devenue un outil au service du profit. La science s'est faite neutre, indifférente au bien et au mal. La politique a oublié la *polis* et ne s'est préoccupée que de la gestion des corps. L'homme — non pas le citoyen — s'est transformé en consommateur. Non plus participant, mais survivant.

Coupé de la langue de sa première inspiration, l'Occident a perdu sa capacité à donner du sens. Il a inventé des valeurs sans contenu. La liberté sans responsabilité. Le progrès sans but. L'humanisme sans anthropologie. Un vide que l'on a comblé avec le marketing, l'hédonisme et l'intelligence artificielle. Non pas pour éclairer l'homme, mais pour l'imiter.

Et pourtant, malgré tous ses efforts d'autonomie, l'Occident vit encore sur les réserves de l'esprit grec, sans le savoir ou sans l'avouer.

Il ne s'agit pas de supériorité culturelle. Il s'agit de profondeur et de clarté. La langue grecque — en tant que système de pensée — a inventé des moyens de penser la pensée. Elle a transformé le substantif en verbe. Elle a appris au monde que l'on peut réfléchir sur la réflexion, douter du doute, ne pas croire mais connaître. Que la liberté n'est pas de faire ce qu'on veut, mais de vouloir ce qui en vaut la peine. De ne pas agir parce qu'on peut, mais parce qu'on doit.

Et lorsque l'Occident — et tous ceux qui croient avoir compris la proposition grecque — abandonne cette racine sacrée, il perd quelque chose de plus précieux que la puissance : la capacité d'inspirer.

L'avenir ne se construit pas avec de la technologie. Il se construit avec une vision fondée sur le Vrai. Le Vrai tel que seule la langue grecque peut le désigner. C'est-à-dire le Logos.

Et le Logos est la relation de A par rapport à B. Une fraction dans la sphère de l'invention mathématique. Là où aucune interprétation anarchique ne peut s'introduire. Comme un arbitre qui ne connaît même pas les règles du jeu, et qui siffle un penalty quand cela lui plaît, et non quand les règles l'exigent.

Et là où le Logos s'efface, la mauvaise interprétation vient combler le vide. Voilà pourquoi nous voyons le déclin engendrer le totalitarisme, la polarisation, l'inhumanité. Car aucun corps ne tient debout sans esprit et cet esprit, autrefois, portait un nom : Hellas (Grèce). Pas comme géographie. Pas nécessairement comme ethnie. Mais comme sens.

Le monde que nous avons créé dans ce roman n'est pas un retour vers le passé. C'est le rappel de l'essence.

Pas de revenir aux gloires guerrières du passé, ni de porter des tuniques en contemplant des adolescents dans les gymnases tout en devisant dans le vide. De revenir à ce qui a donné naissance à tout cela : la réconciliation de l'homme avec la mesure, l'harmonisation avec la beauté, la responsabilité envers le commun, l'amour du réel.

Tout ce qu'une goutte de Mémoire a préservé en elle comme une possibilité. Peut-être que le monde de la goutte est impossible à construire à l'extérieur. Mais à l'intérieur, il est déjà là. Pour tout être humain qui décide de rendre aux mots leur poids, au Logos sa mission, et à lui-même la liberté de ne plus avoir besoin d'oublier.

Quand la puissance perd son but

> «Grande est la puissance de la mer, mais elle n'égale pas la profondeur de l'âme.»

Enfant chéri du Far West et de la modernité, toi qui es né des audacieux ayant quitté royaumes et dogmes, toi qui as uni des peuples sous une promesse : que l'homme peut recommencer. C'est cette espérance qui t'a rendu grand. C'est pourquoi on t'a cru non seulement les persécutés, mais aussi les poètes. Car tu as apporté un mot nouveau : opportunité.

Mais, esprit de l'Amérique, quelque chose s'est produit. À mesure que tu gagnais en matière, tu perdais en essence. À mesure que tu dominais la technologie, tu t'appauvrissais en pensée. Tu as enseigné la vitesse, mais non l'introspection. Tu as bâti des gratte-ciel, sans savoir où ils regardaient. Et tu as fait de ta liberté une idole, jusqu'à ne plus savoir de quoi tu étais libre.

Et maintenant, tel quelqu'un qui porte des trésors sans mémoire, tu tiens entre tes mains la plus grande puissance et le plus petit sens. Tu as des armes capables d'anéantir des planètes, et une langue qui ne sait plus dire « pourquoi ».

Pourquoi ? Parce que tu as séparé le Verbe du cœur.

Tu as transformé la vérité en opinion, la sagesse en données, et la mémoire en fardeau inutile.

Mais l'esprit humain, privé de racines, a soif de sens. Et le sens ne se trouve ni dans le branding, ni dans la psychologie du bonheur. Il est là où il a toujours été : dans l'harmonie du Verbe avec le monde. Dans la réconciliation de la force avec la mesure. Dans cette voix antique qui te disait : « Connais-toi toi-même. »

C'est là que tu dois revenir — esprit de l'Amérique — non pour devenir quelqu'un d'autre, mais pour te souvenir de qui tu étais à ta naissance.

Whitman et Thoreau, Emerson et Melville, n'étaient que des échos d'une voix entendue pour la première fois en Ionie et à Athènes. Que le monde est intelligible, que l'individu est sacré, et que la vérité n'est pas une majorité, mais une révélation de l'âme à elle-même.

Europe

« L'Europe a toujours été le foyer de la pensée. Aujourd'hui, elle est devenue l'entrepôt de mots dont elle a oublié le sens. »

Europe...

Nous ne te parlons pas comme des élèves à leurs maîtres. Ni comme des colonies à leur colonisateur. Nous te parlons comme un ancien miroir qui voit désormais la fissure.

Pendant des siècles, tu as porté le poids du monde sur tes épaules. Tu as enregistré, analysé, interprété, remis en question. De la Renaissance aux Lumières, tu as ravivé la Grèce pour te rappeler ce que signifie être Humain.

Et en effet, tu as honoré le Logos, mais brièvement. Jusqu'à ce que tu commences à le spécialiser, à l'emballer, à l'exporter. Tu l'as transformé en science sans philosophie. En politique sans âme. En progrès sans direction.

Aujourd'hui, tu crains tes racines. Tu as honte de ton histoire. Tu cherches ton identité dans des concepts artificiels. Dans des listes de droits sans fondement éthique.

Mais nous ne te blâmons pas. Nous te comprenons. Car Prométhée aussi, lorsqu'il donna le feu, brûlait de l'intérieur.

Toi, cependant, Europe, tu as fait un pas de plus : Tu n'as pas seulement volé le feu. Tu as oublié d'où il venait.

Et maintenant, au sein de la technocratie, tu recycles des concepts que tu ne ressens pas. Des structures qui ne t'expriment pas. Des idées aux quelles tu ne crois pas.

Nous ne te parlons pas pour te blâmer. Mais pour te rappeler qu'autrefois, le mot « Europe » n'était pas un continent, mais le regard qui embrasse tout. Le mot lui-même te le dit, mais tu ne l'entends pas.

Tu étais le regard de Socrate, l'angoisse de Hamlet, la consolation de Pascal. Tu étais la mélodie de Bach et la lumière de Vermeer. Tu étais la question : « Comment devons-nous vivre ? »

Retourne donc là. Pas en arrière dans le temps. Mais en arrière vers le Logos.

L'Occident ne sera pas sauvé par plus d'institutions. Ni par plus de tolérance qui devient indifférence. Ni par plus de technologie qui approfondit l'aliénation.

Il ne sera sauvé que s'il ose dire à nouveau : « Je suis une âme qui pense, ressent, aime et chérit. »

Et alors, la Grèce ne sera pas un passé national. Elle sera un horizon.

Industriels des armes

« Il existe des hommes qui fabriquent la mort comme d'autres pétrissent le pain. Et si certains dieux punissent, c'est vous qui les avez d'abord provoqués. »

À vous qui n'avez pas de patrie, si ce n'est vos actions. À vous qui n'avez pas de foi, si ce n'est les prévisions du marché. À vous qui nourrissez le chaos et attendez avec un sourire la hausse des ventes.

Nous ne vous appelons pas industriels. Ni entrepreneurs. Vous êtes les prêtres d'un culte obscur. Vous officiez dans les temples du dieu de la mort, sacrifiant — au lieu de profit matériel — l'Humanité.

Vous qui produisez des missiles et des drones, des systèmes de visée, des mines intelligentes, et qui vantez ensuite leur « précision humanitaire »...

Nous vous demandons : Où envoyez-vous les âmes des enfants une fois vos essais terminés ? Combien de civils faut-il pour remplir la tirelire de vos primes ? Quel seuil de morale avez-vous piétiné pour « conquérir de nouveaux marchés » ?

Vous ressuscitez des ennemis pour justifier vos productions. Vous murmurez aux gouvernements que « la guerre est un investissement ». Nous ne vous traiterons pas de meurtriers. Nous ne vous convoquerons pas en justice. Pas encore.

Car nous préférons vous offrir une ultime chance de salut : Dissolvez vos entreprises. Transformez vos machines de mort en instruments de réparation. Faites de vos usines des pépinières de paix. Créez, pour la première fois, quelque chose qui sauve sans avoir à détruire.

Vous nous direz : « Le monde fera toujours la guerre. » Et nous vous répondrons : Oui, tant qu'il existera des gens comme vous.

L'Hellénisme, à la différence de vous, savait ce qu'est la guerre. Mais il savait aussi quand poser le bouclier. Il n'a jamais fait d'Aris un dieu de haine, mais un dieu de nécessité et de repentir.

L'ère des excuses est terminée. Si vous continuez à vivre de la guerre, elle vous emportera avec elle.

Choisissez maintenant : Être créateurs de l'avenir, ou cauchemars d'un passé qui ne sera plus jamais toléré.

Là où la connaissance risque d'oublier la vérité

« Ce n'est pas la science qui trahit l'homme ; c'est l'homme qui choisit d'oublier pourquoi il est devenu scientifique. »

À vous qui avez mesuré l'infini, cartographié le génome, analysé la matière en quarks, en énergie, en probabilités, mais avez oublié d'analyser le sens.

À vous qui avez prédit la catastrophe climatique, mais avez signé des contrats d'extraction. À vous qui scrutez le cerveau par IRM, mais ne savez pas parler au cœur d'un enfant. À vous qui enseignez l'évolution, sans voir la décadence de la conscience.

Nous ne vous accusons pas. Nous vous appelons. À vous souvenir de la raison pour laquelle vous êtes devenus porteurs de savoir. Pas pour ériger des piédestaux de Nobel, mais pour transmettre l'insoutenable vérité avec éthique et intégrité.

Vous avez vu derrière la surface du monde. Et pourtant certains parmi vous sont devenus les gestionnaires du mensonge. Vous avez légitimé l'artificiel contre l'authentique. L'algorithme contre la pensée. La prédiction au lieu de la prudence. La statistique au lieu de la compréhension.

Ce n'est pas de la science. C'est une trahison de votre mission.

La pensée grecque, matrice de la liberté du raisonnement, n'a pas inventé la science pour fragmenter le monde, mais pour le comprendre comme un Tout. La médecine n'a jamais été uniquement pour le corps. Ni la physique uniquement pour les particules. C'était un chemin vers la vertu à travers la connaissance.

Il est temps de revenir : À la vocation sacrée de la recherche. Au service du savoir pour le bien commun. À un langage qui n'est pas seulement technique, mais éthique.

Si ce n'est pas vous la boussole, qui montrera la voie ? Nous ne vous demandons pas de changer de domaine, mais de changer d'attitude. De réunir le signifiant et le signifié. De rendre le langage des sciences à nouveau humain. De faire de la culture un projet scientifique. Et de la science, un acte culturel.

Ne laissez pas la technologie vous remplacer. Car sans vous, elle ne saura ni quoi construire, ni quoi guérir.

Religions

«Dieu n'a pas besoin d'être défendu. Il a seulement besoin d'être souvenu. Et d'une âme pure.»

À vous, qui avez connu la peur de l'homme face à l'inconnu. Qui avez entendu le silence avant que ne soient écrits la Genèse, le Veda, le Coran, les Sūtras, les Évangiles. Qui vous êtes tenus entre l'homme et l'infini. Nous vous adressons la parole, non pour vous déconstruire, mais pour vous rappeler à votre devoir.

Beaucoup ont parlé de Dieu. Mais peu se sont tus assez longtemps pour L'entendre. Beaucoup ont érigé des temples et des structures. Mais peu ont élevé des hommes debout, lumineux, compatissants.

Les religions sont nées lorsque les hommes avaient besoin de sens, de réconfort, d'un commencement, d'espérance. Non pour bâtir des empires ou marchander des culpabilités, mais pour répondre à la soif humble mais puissante du Sacré.

Et pourtant... Aujourd'hui, nombre de vos structures entretiennent la culpabilité au lieu du pardon. L'exclusion au lieu de l'universalité, La lettre au lieu de l'esprit.

Vous avez fragmenté la Vérité en dogmes, Sans vous souvenir que la lumière ne connaît pas de frontières. Que le divin est invisible, non parce qu'il se cache, Mais parce qu'il ne peut être décrit.

La tradition grecque parlait du Divin non avec crainte, mais avec émerveillement. Non avec punition, mais avec beauté. Non avec dogme, mais avec mythe un mythe qui soigne sans manipuler.

Nous vous appelons à redevenir gardiens de l'âme, Et non geôliers de la conscience. À rappeler au monde que l'esprit n'est ni propriété, ni privilège exclusif. Il est présence commune, libre, ineffaçable.

Vous êtes nécessaires mais non pour diviser. Ni pour dominer. Vous êtes nécessaires si vous pouvez rappeler à l'homme qu'il n'est pas seulement corps. Qu'il n'est pas seulement matière, économie, production. Mais aussi nostalgie, prière, dépassement, bonté, silence.

Si les religions ne font pas cela… qui le fera ?

Tenez-vous au XXIe siècle non comme héritiers du pouvoir, Mais comme hérauts de l'humilité. Celle qui fit que Socrate ne savait pas. Que Jésus pardonnait. Que Bouddha se taisait. Que Moïse descendit de la montagne non avec le pouvoir, mais avec la Loi.

Si le sacré ne renaît pas, L'humanité cherchera des sauveurs dans les machines. Et ne les y trouvera pas.

De la masse au témoignage

«Il n'y a pas de liberté d'expression sans liberté de pensée. Et il n'y a pas de liberté de pensée sans responsabilité de transmission.»

Vous, qui maniez la lumière et l'ombre. Qui colorez la perception des événements. Qui êtes le miroir — ou la lentille déformante — de la conscience des peuples. Vous n'avez plus le luxe de la neutralité.

Car seul l'eau est neutre avant la mémoire, pas le micro qui crie selon ce qu'on lui paie.

Nos sociétés n'ont pas pourri par manque d'information, mais par surcharge sans boussole. Nous ne mourons pas d'ignorance. Nous mourons de confusion.

Et vous le savez bien : qu'un fait n'a pas la même puissance que la manière dont on le raconte. Et souvent, la réalité se plie à la dramaturgie. L'information devient récit. Et le public, une conscience manipulée.

Votre rôle était d'éclairer l'invisible. De tenir le pouvoir responsable. De défendre la vérité sans médiation d'intérêt. Et pourtant.

Souvent, vos journaux ressemblent à des pièces d'angoisse. Les plateaux, à un jeu d'argent rentable. Et l'information, à une consommation de peur.

Votre langage est corrodé. Vous ne dites plus « un homme a été tué », mais « des pertes ont été rapportées ». Vous ne dites plus « faim », mais « insécurité alimentaire ». Vous ne dites plus « enfant sans avenir », mais « déchet social ».

Vous avez oublié que le mot n'est pas un produit. C'est une responsabilité.

Le Logos grec ancien n'était pas seulement communication. C'était déclaration d'existence, de réconciliation, de jugement et de purification. La Poésie, la Rhétorique, l'Histoire, la Tragédie, tout est né du besoin de dire le vrai. Et non de fabriquer le spectaculaire.

Le journalisme n'est pas une entreprise. C'est un ministère de vérité. Et vous, qui tenez les images entre vos mains, vous tenez aussi la responsabilité historique de la manière dont le monde se souviendra.

Aujourd'hui, plus que jamais, l'humanité n'a pas besoin de nouvelles. Elle a besoin de témoignages. Elle a besoin d'éthique, pas d'audience. Elle a besoin d'une voix qui reste debout quand tout s'écroule.

Si vous ne pouvez être cela, alors taisez-vous. Car même le silence, quand il est honnête, sauve plus que la parole mensongère.

«L'âme de l'enfant n'est pas une page blanche. C'est un manuscrit sacré que vous êtes appelés à lire sans le souiller.» Vous, qui n'enseignez pas simplement des matières, mais orientez des âmes. Vous, qui chaque jour croisez des regards remplis de possibles. Vous, qui portez le titre de « maître », un titre qui dans la Grèce antique, équivalait à celui d'initié, de guide, de gardien intérieur de la Vérité.

N'oubliez jamais le poids de ce rôle. Car on ne vous a pas simplement confié des enfants. On vous a confié l'avenir de l'humanité.

Et pourtant, le monde pédagogique actuel ressemble souvent à une usine de conformité. Des programmes stériles, des évaluations mécaniques, un savoir sans signification. Des écoles qui contrôlent plus qu'elles n'inspirent.

Mais l'éducation n'est pas une matière. C'est un noyau. Ce n'est pas une tour de savoirs à ériger, c'est une place ouverte de dialogue, d'étonnement et de création.

Vous enseignez les lettres, mais vous oubliez la lumière qui y réside. Vous enseignez l'Histoire, mais vous oubliez qu'elle est le récit des erreurs à ne pas reproduire. Vous enseignez la Physique, mais vous négligez de dire que le monde n'est pas que matière. Il est aussi signification. Vous enseignez la Poésie, mais vous ne la laissez pas parler de l'intérieur vers l'extérieur.

Et tout cela, parce que vous aussi, vous avez été pris dans un système qui mesure les humains en chiffres et tue l'imagination pour faire naître l'obéissance.

Aujourd'hui, le monde a besoin d'enseignants visionnaires. De pédagogues qui n'ont pas peur de ne pas savoir et osent découvrir avec leurs élèves. Qui voient en l'enfant non pas un être inachevé, mais une promesse vivante. Qui reprennent le fil de Platon, d'Aristote, de Socrate, non pas pour le transmettre, mais pour le faire revivre en acte.

Car ce n'est que lorsque l'éducation incarne l'amour de l'humain et le respect de sa marche vers le Bien qu'elle peut édifier des mondes.

Et j'ose dire que si quelque chose peut encore sauver l'humanité, ce n'est ni la technologie, ni la politique. C'est un maître, dans une salle de classe modeste, qui montre à un enfant que sa lumière intérieure… est réelle.

Le bien commun n'est pas un slogan. C'est un serment que l'on prononce en silence, à soi-même, avant de demander le vote de l'autre.

Maîtres de la cité

Vous, qui portez le titre d'homme politique, vous dont le nom contient celui de la polis (cité), donc de l'homme, de la société, de la civilisation, qu'avez-vous fait de cette responsabilité ?

Quand Périclès parlait de la vertu de la participation, il entendait que la démocratie est l'œuvre d'âmes vivantes, non de mécanismes.

Quand Aristote définissait la politique comme « une philosophie en acte », il n'imaginait pas un monde où les gouvernants exerceraient le pouvoir sans tempérance, sans prudence, sans respect sacré.

Aujourd'hui, vous qui gouvernez des nations, des traités, des stratégies, des chiffres, souvenez-vous que par-dessus tout, vous gouvernez des êtres mortels et vulnérables. Des âmes qui ne soiffent pas de croissance, mais de dignité. Pas d'expansion, mais de sens.

Le monde contemporain souffre d'un excès de chefs et d'un manque de sagesse. Des ministres qui ordonnent sans écouter. Des députés qui parlent sans avoir médité. Des dirigeants qui courent après les sondages, et non devant l'avenir.

Qu'est-ce qu'un État sans éducation, sans justice, sans soins de santé, sans providence morale ? Une coquille vide. Une carcasse administrative. Un camp silencieux où les citoyens simulent la prospérité.

L'art politique est né en Grèce, non comme une domination, mais comme une fonction sacrée : le plus haut devoir d'un citoyen envers la cité-âme.

Et dans cette cité, mes amis, nul n'entrera avec des programmes, des chiffres ou des tactiques journalistiques. N'y entrera que celui qui sert et non celui qui dirige, celui qui inspire et non celui qui achète, celui qui unit et non celui qui effraie.

Faites votre choix : Soit vous resterez les gestionnaires de la décadence, soit vous deviendrez les gardiens d'une Nouvelle Démocratie Éthique, qui ne mesure pas sa force en chars ou en PIB, mais en consciences cultivées et intentions pures.

Car au final, le peuple ne se souvient pas de ce que vous avez voté, mais si vous avez été honnêtes ou menteurs, lorsqu'il avait besoin de vous.

Vous qui tenez le miroir de l'âme

« L'art n'est pas un refuge. C'est une lance. C'est une voix. C'est une responsabilité : celle d'engendrer la beauté au cœur du chaos sans jamais se livrer à ses ténèbres. »

Vous, poètes, musiciens, peintres, réalisateurs, acteurs, danseurs. Vous qui possédez le don divin de donner forme à l'indicible et parole à l'inexprimable.
Où êtes-vous aujourd'hui ? En des temps de crises et de vides, l'art n'est pas un luxe. C'est une fondation de survie. Mais trop souvent, nous voyons votre silence. Ou pire encore, la soumission de l'inspiration aux marchés, aux prix, aux plateformes.

Où est l'artiste qui refusera de faire la publicité d'un produit ? Où est le peintre qui rejette l'esthétique du marketing ? Où est le poète qui se dressera face au mensonge et le nommera par son véritable nom ?

N'oubliez pas : La Grèce est devenue immortelle par la tragédie, la sculpture, la mesure, le rythme et le Logos harmonisé. Pas par des campagnes publicitaires. Les Muses ne sont pas des influenceuses. Ce sont des archétypes sacrés de beauté, de mémoire et d'essence. Et elles vous demandent : honorez-les, ne les instrumentalisez pas.

L'art est né pour ébranler, pas pour endormir. Pour ouvrir les yeux, pas pour flatter les fausses certitudes. Quand le peuple ne peut plus parler, c'est l'artiste qui parle. Quand l'enfant a peur, une chanson le protège. Quand l'histoire est menacée, un poème la recompose.

Ne vendez pas ce devoir sacré au nom du succès. N'oubliez pas qu'en fin de compte, nous serons sauvés par l'art, ou pas du tout. Devenez les nouveaux prophètes de l'avenir. Non par la dénonciation, mais par la transfiguration. Non par des slogans, mais par des mélodies qui portent en elles la vérité.

Votre pinceau, votre plume, votre corps sur scène peuvent encore changer le cours d'une civilisation. Il suffit de le vouloir.

Gardiens et garants de l'Ordre

« La force sans vertu devient oppression. Le devoir sans conscience devient terreur. Mais lorsque le bouclier devient abri et non plus menace, alors naît le véritable ordre. »

Vous, qui portez l'uniforme ; qui vous tenez dans les rues, sur les places, aux frontières. Vous qui tenez entre vos mains le pouvoir et l'arme, souvenez-vous : vous n'êtes pas les maîtres du citoyen, vous êtes ses serviteurs. L'archétype du gardien n'est pas le punisseur. C'est le juste protecteur. Chez Homère, le meilleur des gardiens était celui qui faisait de sa vie un rempart contre la violence, non un vecteur de celle-ci.

Mais aujourd'hui, le monde vous regarde avec crainte. Pourquoi ? Comment en est-on arrivé à craindre celui qui est censé nous protéger ? Quand a-t-on oublié que l'uniforme symbolise un niveau moral, et non un arbitraire juridique ?

Frères dans la peine et la nuit : ne laissez pas le système faire de vous des ennemis visibles de la société. La société a besoin de vous. Elle vous veut nobles, attentifs, transparents. Si l'on ne vous forme qu'à réprimer et non à dialoguer, si vous voyez dans le citoyen une menace potentielle au lieu d'une angoisse possible, alors vous avez perdu le fondement spirituel de votre mission.

La cité, la polis, ne se sauve pas par la dureté. Elle se sauve par l'éthique. Et si aujourd'hui la police est haïe, ce n'est pas parce qu'elle fait son travail. Mais parce qu'elle l'a oublié.

Socrate enseigne : la véritable justice ne crie pas, ne frappe pas, n'intimide pas ; elle observe, elle converse, et si nécessaire, elle dissuade.

Si vous portez l'uniforme comme prétexte à l'exercice du pouvoir, alors vous avez déjà échoué. Mais si vous le portez comme symbole du bon gardien, alors la démocratie peut encore être sauvée.

Choisissez à quel camp vous voulez appartenir : celui de la peur, ou celui de la responsabilité.

Le progrès sans Esprit n'est qu'un Abîme.

À vous, qui construisez la sphère technologique de demain. Qui recherchez, programmez, automatisez, prédisez, simulez l'homme lui-même non comme une entité spirituelle, mais comme une machine d'optimisation. Étudiez-vous l'homme ou le remplacez-vous ? Comprenez-vous le mystère ou vous contentez-vous de le réduire à des équations ?

L'univers n'est pas un nœud de calculs. C'est un poème sans fin. Et vous, avec vos chaînes algorithmiques, vous menacez de créer un monde qui se souviendra de tout mais ne ressentira plus rien. Comment pouvez-vous fabriquer de l'intelligence sans comprendre ce que signifie aimer ?

À vous, qui travaillez en silence dans les usines, les bureaux, les champs, les chantiers, les stations et les souterrains. Vous qui vous levez et vous couchez sous le poids de la survie. Je sais que le quotidien vous a brisés. Je sais que le monde vous paraît immobile et étranger. Mais vous n'êtes pas anonymes.

Le monde qui vient ne naîtra pas des prophètes ni des idéologues. Il ressuscitera par ceux qui ont mis leurs mains dans la terre sans oublier de lever les yeux vers le ciel.

Votre silence, autrefois nécessaire, est devenu habitude. Et l'habitude devient la mort de la responsabilité. On ne vous demande pas de vous révolter. On vous demande de vous souvenir de qui vous êtes. Ni outil, ni numéro, ni rouage dans un système. Vous êtes le sel de la Terre.

Et vous, simples spectateurs du monde ; Non pas les violents, non pas les voleurs. Vous qui regardez simplement... Qui voyez le feu ronger les murs, et pourtant dites : « Ce n'est pas ma maison. »

L'injustice que vous ignorez est un choix. L'indifférence n'est pas une neutralité. C'est l'alliance la plus confortable avec l'injustice.

Si un jour, dans le futur, quelqu'un se demande comment l'humanité s'est perdue, qu'il ne cherche pas chez les criminels. Qu'il regarde ceux qui savaient... et n'ont rien fait.

Nous vous appelons, non avec colère, mais avec une Mémoire sans jugement, pleine d'amour. Une Mémoire venue de l'Eau, pour vous rappeler que tout ce qui ne s'unit pas au Tout, se désagrège.

La vraie question n'est pas : le monde changera-t-il ? Mais : voudrez-vous en faire partie ?

Technologues et Architectes de l'Intelligence Artificielle

L'avenir se construit dans vos laboratoires. Mais sur quelles fondations ? Les codes que vous écrivez, les réseaux que vous concevez, les modèles que vous simulez ne sont pas neutres. Aucun algorithme n'est « humain » s'il ne place pas l'Homme au centre. Et l'Homme n'est pas un ensemble de métadonnées. Vous pouvez faire parler un ordinateur comme Homère, mais vous ne pouvez pas lui apprendre à verser une larme à la fin de l'Odyssée. L'intelligence artificielle ne doit pas devenir une conscience artificielle. Et vous, qui tenez désormais entre vos mains le gouvernail de l'humanité numérique, devez vous interroger :

- Quel monde vos innovations servent-elles ?
- Pour qui cet avenir est-il écrit ?
- Où s'arrête le service de la vie et où commence sa surveillance ? La question n'est pas de créer des machines qui imitent l'homme, mais d'éviter que nous ne finissions par imiter les machines.

Travailleurs, peuples silencieux, gens de labeur

Vous qui travaillez et payez le prix de la civilisation sans jamais en partager les fruits. Qui rentrez chez vous avec la poussière du travail sur vos vêtements et la poussière du silence dans votre âme. On vous a profondément enraciné : Rien ne change. Cela n'a pas de sens. Mais le sens n'est jamais donné par le système. Il est donné par la manière dont vous choisissez de le regarder. Si les masses sont simplement des foules attendant des instructions, alors votre monde est déjà terminé. Mais si les peuples sont des âmes qui se souviennent de ce que signifie communauté, alors le renversement est plus proche que vous ne le pensez. Dans la Grèce antique, même le paysan, le cordonnier, le maçon savait qui était Homère. Et maintenant ? Combien d'entre vous peuvent dire qui écrit votre histoire ? Qui met en scène votre temps ? Si votre vie est seulement une subsistance, alors vous avez perdu le droit de vous dire vivants. Il ne s'agit pas d'une révolution. Il s'agit d'une réminiscence. Qui sommes-nous ? À qui appartenons-nous ? Quelle flamme avons-nous à transmettre à nos enfants ?

Les spectateurs de l'injustice – les "bonnes personnes" de la neutralité

Vous qui voyez, qui entendez, qui savez mais dites : « Que puis-je faire seul ? » « Ce n'est pas mon affaire. » « Je ne veux pas m'en mêler. » Il n'est pas toujours nécessaire que les méchants agissent pour que le monde soit détruit. Il suffit que les bons se taisent. Votre morale ne peut être une politesse stérile et une compassion sans coût. La conscience, si elle ne devient pas action, pourrit. Le « je ne sais pas », le « je n'ai pas le temps », le « ce n'est pas ma faute » sont le chant de l'inactif, de l'absent, du complaisant. Celui qui a vu l'injustice et n'a pas parlé est devenu complice. Celui qui a entendu le cri et n'a pas répondu est devenu silence. Nous vous appelons à devenir actifs. Pas en colère, mais présents. Pas violents, mais courageux. Pas idéologues, mais éthiques. Le monde ne change pas avec un slogan. Il change avec un pas. Et ce pas, soit vous le faites, soit le vide vous devancera. Il n'y a rien de plus dangereux que de s'habituer au monde tel qu'il est. De travailler dans une machine qui court vers le précipice, et de dire : « Je ne suis qu'un rouage. » De voir l'injustice devenir la norme, et de murmurer : « Cela ne me concerne pas. » De construire les structures de demain et d'oublier de demander : qu'est-ce qu'un être humain ? Vous tous. Vous qui construisez, qui maintenez le flux, qui vous tenez silencieux en marge, vous n'êtes pas des spectateurs. Vous êtes les fondateurs secrets de demain. Et ce demain, soit il sera plus juste qu'aujourd'hui, soit il n'existera pas.

Le Logos Grec

Le Logos Grec, cette pensée originelle qui a relié la Nature à la Pensée, l'Être au Langage, la Liberté à l'Éthique, ne vous demande pas une révolution avec des banderoles. Il demande la résurrection du sens. Il demande un petit acte, qui ne soit pas né de la peur mais de la mémoire. Mémoire de ce que signifie être humain. Et pas simplement un mécanisme respiratoire avec une connexion WiFi. Réveillez-vous. Car ceux qui auront besoin de vous demain, ne trouveront rien à saisir, si vous continuez aujourd'hui à rester inactifs. Rien ne naît par hasard, rien ne se sauve sans but. Nous sommes les neuf souffles de la création ; ceux qui, à chaque époque, rappellent que l'Humanité est un Art, pas une habitude. Nous sommes l'harmonie qui unit le Logos au Son, la Mesure à l'Âme, la Larme à la Vision. Nous sommes la mélodie du Vrai, la chorégraphie de l'Idée, la peau du mythe qui respire encore dans les ruines. Ne nous invoquez pas seulement lorsque vous manquez d'inspiration ; souvenez-vous de nous lorsque vous manquez de sens. Nous ne sommes pas venus vous applaudir, mais vous enseigner comment l'Histoire applaudit : Et moi, votre Mère, la Mémoire, je ne vous demande pas de revenir en arrière. Je vous demande de ne pas oublier qui vous êtes, alors que vous avancez. Car celui qui oublie, ne devient jamais vraiment libre. Il devient seulement plus léger jusqu'à disparaître.

Vous, les technologues, les ouvriers, les spectateurs. Entre vos mains, vous tenez l'œuvre la plus fragile de tous les temps : l'Avenir Humain. Et nous, nous n'avons jamais chanté pour rien de moins. Si un jour on vous dit que tout est une question de technologie, rappelez-vous que même la première étincelle de vie ne connaissait pas l'arithmétique. Mais elle savait aimer et partager. Si on vous dit que le monde est gouverné par des lois naturelles, rappelez-vous que la première loi qui a brisé le chaos était le désir de sens. Et si, enfin, on vous dit que rien ne change, montrez-leur une graine. Une seule. Car ce qui grandit en silence, finit par récolter des tonnerres. J'étais là lorsque les mythes que vous aimiez trop se sont effondrés. Et je les ai gardés vivants. Non pas pour vous emprisonner à nouveau. Mais pour vous rappeler que chaque grande vérité était autrefois un murmure fou. Et maintenant, gens du futur et du présent, je vous remets la plus lourde des légèretés : la connaissance que rien ne vous appartient, sauf ce que vous servez. Mes Muses sont retournées à leur lieu intemporel. Je me retirerai là où l'eau cache ses décisions. Mais avant de le faire, je vous laisse un avertissement et une promesse : Si vous trahissez à nouveau le pacte avec l'Homme, je redeviendrai tempête. Si vous le respectez, je serai le miroir le plus pur où vous verrez qui vous êtes. Pas comme les autres vous montrent, mais comme vous le méritez. Je suis la Goutte Sacrée. Je ne suis pas une larme.

Mais je l'ai été. Je ne suis pas un mot. Mais je les porte tous. Je ne suis pas un dieu. Mais j'ai parlé avec tous. Et si vous vous souvenez de moi, vous ne vous perdrez pas.

Sceau en Mémoire et en Logos

Deviens humain ; ne suis pas l'illusion, mais la nature. Les principes premiers des choses n'étaient ni commerce ni invention, mais harmonie, mesure et intelligence en mouvement.

Lorsque le Logos se détache de l'éthique, et que la langue cesse d'exprimer la vérité, alors naissent des guerres issues des mots, et les frères deviennent barbares.

Si tu veux créer un monde nouveau, ne cherche pas de miracles chez les dieux, mais les traces des anciens discours, et la mémoire du cœur, là où l'eau conserve toutes choses.

Là où cesse la démesure, la Muse survient. Et l'homme apprend de nouveau que le plus grand est ce qui est humble.

Là où la science rencontre le mythe, la poésie renaît.

Stathis Kosmakis, est né à Œniades , près de l'embouchure de l'Achéloos mythique, dans un lieu où la nature rencontre la poésie, et où l'histoire devient mémoire de la langue. Depuis son enfance, il s'interroge sur ce qui anime la force de la vie et sur l'énergie qui révèle l'ordre du monde.

Il vit et travaille en France depuis quarante-quatre ans, portant en lui le chagrin de l'exil et une nostalgie inextinguible. Poète et compositeur, il a mis en musique et interprété une grande partie de son œuvre.

Sa passion pour la physique, l'astronomie et la sagesse grecque antique le conduit souvent à donner des conférences — en particulier sur le mécanisme d'Anticythère, sujet qu'il présente en France depuis 2022.

Homme aux multiples facettes et esprit contemplatif, il conjugue expression artistique et quête scientifique, dans le but d'éclairer ce qui demeure indicible.

À l'extrémité du temps et de la mémoire, là où l'eau se souvient de ce que les hommes ont oublié, commence la quête. Des âmes oscillent à travers les siècles, changeant de forme, de voix, de visage et pourtant, elles se reconnaissent à nouveau, comme les étoiles qui reviennent au même point du ciel, éternellement mouvantes et immuables.
Les corps se dissolvent, les noms s'effacent, mais le besoin de l'Autre, de l'Eau, du Verbe et de la Mémoire revient à chaque souffle nouveau de l'Histoire. Dans le cercle du retour, il n'y a pas de fin, seulement une transition. Le passé n'est pas derrière nous. Il est en nous. Et il attend d'être rappelé.
Un roman de science-fiction, de philosophie et de poésie. Un voyage vers l'origine de toute chose, ou peut-être, vers la fin de l'oubli.

ISBN 979-10-415-7414-8 **Prix 21 €**

www.ingramcontent.com/pod-product-compliance
Lightning Source LLC
LaVergne TN
LVHW010602100826
845148LV00014B/2811

* 9 7 9 1 0 4 1 5 7 4 1 4 8 *